Hümmelchen oder Schneidteufel?

Das Beste aus der ZEIT-Rubrik
„Mein Wort-Schatz"

Hümmelchen oder Schneidteufel?

Das Beste aus der ZEIT-Rubrik
„Mein Wort-Schatz"

Herausgegeben von Jutta Hoffritz
und Wolfgang Lechner

DIE ZEIT HERDER

FREIBURG · BASEL · WIEN

MIX
Papier aus verantwortungsvollen Quellen
FSC
www.fsc.org
FSC® C083411

www.herder.de

Einbandgestaltung: Sabine Kwauka
Innengestaltung und Satz: Arnold & Domnick, Leipzig
Illustration auf dem Umschlag: Gunnar Pippel/ Shutterstock.com
Illustrationen im Innenteil: KET-SMM/Shutterstock.com, koosen/Shutterstock.com, mizar_21984/fotolia, Sabina Dimitriu/Shutterstock.com, Scisetti Alfio/fotolia
Herstellung: CPI books GmbH, Leck

Printed in Germany

ISBN 978-3-451-33293-7

Vorwort

Mit den Namen von Menschen, das lernen wir Journalisten schon früh, macht man keine Witze. Wenn aber nun ein Mensch Bratfisch heißt: Darf es einen da wundern, dass er sich so seine Gedanken macht über die Sprache?

Ein ZEIT-Leser namens Ulrich Bratfisch jedenfalls schrieb vor geraumer Zeit an die Redaktion: „Dass sich unsere Sprache ständig verändert und wir einen anderen Wortschatz verwenden als unsere Eltern und Großeltern, das ist eine unstrittige und unabänderbare Tatsache. Die gut gemeinten Versuche einiger Gruppen, diese Veränderungen aufzuhalten oder gar rückgängig zu machen, sind vergebliches Bemühen. Doch wie man sich gern an schöne Erlebnisse zurückbesinnt, so kann man sich auch an lieb gewordene Sprach- und Worterlebnisse zurückerinnern. Vermutlich wird jeder von uns einen Schatz an Worten bewahren, den er nicht mehr verwendet, vielleicht etwas abgegriffen, aber noch mit einem Glanz versehen, der erfreuen kann."

Und Herr Bratfisch erzählte uns von seinem Wort-Schatz, der „Sommerfrische" – siehe dort. Niemand nämlich fährt heute noch in die Sommerfrische. Aber sie war, solange es sie gab, definitiv etwas Anders, Besseres, Erholsameres als „Ferien" oder „Urlaub" oder „Reisen". Etwas Frischeres eben.

So entstand die Idee für eine neue ZEIT-Rubrik. Und viele, viele andere ZEIT-Leserinnen und -Leser machten mit. Erzählten von ihren ganz persönlichen Wort-Schätzen, diskutierten miteinander über Sprache, über Wörter und über das, was ihnen – in der Sprache und auch sonst – ans Herz gewachsen war.

Denn Sprache ist Heimat. Und Wörter sind die guten Bekannten, die dieses Zuhause besiedeln. Manche Wörter aber haben wir aus ganz verschiedenen Gründen ganz besonders lieb gewonnen. Das sind dann unsere Wort-Schätze.

Dieses Buch vereint die schönsten Wort-Schätze der ZEIT-Leserinnen und -Leser. Wörter aus lange vergangenen Tagen und Wörter mit einem ganz besonderen Klang. Wörter, deren Verschwinden mehr über die Zeitläufte verrät als manch gelehrte Studie. Und Wörter, in die wir wieder genauer hineinhorchen sollten, um uns selber besser zu verstehen.

Wolfgang Lechner

PS: Was es mit dem Hümmelchen und dem Schneidteufel auf sich hat? Schlagen Sie weiter hinten in diesem Büchlein nach! Dafür haben wir die Wort-Schätze alphabetisch geordnet.

A

hinterfragen
Nu!
Herrenkommode
Gemse
Holderbusch
jottwede
Kaffeeklatsch
Kraftbrühe
Tüttelmüchtel
zimperlich
Botanisiertrommel
Karacho
Kochkiste
blümerant
Triumphgemüse
wieselig
Hagestolz
Perpendikel
Muße
Kneipchen
Kanapee
Dämmerschoppen
Habgier
Demut
darben
Feierabend
traumverloren
Finstermantel
wundervoll
Schmaus
hochherzig
ewig schön
Klapperatismus
Liebkosung
Hirnscherben
gelackmeiert
Kittelwascher
delikat
Kleinod
fabulieren
Kalfakter
Armut
Kapsele
lässig
Unbill
Herzpuppern
gewogen
Arznei
Kinderfund
Schnitzer
schlaftrunken
Doktorvater
Zappken
Linde
Tollpatsch
Bauernglätte
dösbaddelig
Pappe
Leerschwätzer
Glimpf
Gutdünken
selbander
Übergangsmantel
verplempern
übersinnlich
vermaledeite
Violoncello
zauberschön
zutraulich
Augenmerk
Wohlwollen
behende
Wiesengrund
Habseligkeiten
belämmert
bepoochen
Bredouille
Chaiselongue
Christkindl
Hansdampf in allen Gassen
Beutelschneider
futschikato
Freundin
famos
Dummbax
ermattet
Denkmal
Duckdalben
Fersengeld
Fahrkartenschalter
Erfrischungsraum
Feldrain
fürbass
gebraucht
Gedöns
Ferngespräch
Flickepaster

Ich mag das Wort **AKKLIMATISIEREN**. In den achtziger Jahren fuhr ich als Kind jedes Jahr mit meinen Großeltern in den Urlaub. Egal, ob im Sommer am Gardasee oder im Herbst an der Nordsee – erst mussten wir uns langsam an die ungewohnten Temperaturen, das andere Essen, die raue Luft gewöhnen. In der Hitze Italiens verließ man zur Mittagszeit den Strand, um sich in der Kühle des Hotelzimmers eine Auszeit zu gönnen, in Büsum war Barfußlaufen in den ersten Tagen tabu. Körper und Seele mussten erst mal ankommen können. Nach drei bis vier Tagen fing der Urlaub dann so richtig an! Heute jetten wir für zwei Nächte zum Sightseeing oder über Silvester in die Karibik. Mein Lieblingswort und sein Sinn spielen dabei keine Rolle mehr. Dafür haben wir gar nicht die Zeit! Vielleicht hat man deshalb manchmal das Gefühl, gar nicht weg gewesen zu sein!
Simona Ernst, Hamburg

In der heutigen Welt, in der es alle eilig haben, liest und schreibt man als Steuerberater häufig das Wort „schnellstmöglich". Viel lieber verwende ich das deutlich weniger stressig klingende **ALSBALD**, das mir vor vielen Jahren in einem Brief aus der Schweiz begegnet ist, einem Land, das nicht gerade für die Kultivierung von Zeitdruck bekannt ist. Es ist eben sehr viel angenehmer, etwas nur so bald wie möglich machen zu sollen, als dies schnell, schneller und sogar schnellstens tun zu müssen.
Thomas Wörsching, Lindau (Bodensee)

Altjüngferlich ist ein Wort, das nun endlich ausgestorben zu sein scheint. In den letzten Jahrhunderten wurden von vielen Dichtern Erzählungen über alte Jungfern, das heißt sitzen gebliebene junge Frauen ab 25, ausgesponnen. Sie fanden den hämischen Beifall abgewiesener Männer, aber auch schadenfroher Frauen, denen es gelungen war, rechtzeitig einen Mann an Land zu ziehen. Im Zeitalter der Singles gibt es keine alten Jungfern mehr, stattdessen reichlich Junggesellen, die man mit Lächeln immerhin als achtbare Kandidaten unter die Lupe nehmen sollte.
Eva Schwarz, Berlin

Toll, die Frauen von heute: selbstbewusst, kess, sexy. Sie warten nicht auf den Richtigen, sie holen ihn sich – vielleicht auch nur vorübergehend. Die neue Freiheit eben, die hier keineswegs in Bausch und Bogen verteufelt werden soll. Doch eine urweibliche Eigenschaft bleibt dabei häufig auf der Strecke: die **Anmut**. Gilt halt als etwas gestrig, als die Frau sich dem Mann anpasste oder gar unterordnete und dabei vieles allzu ergeben erduldete. Doch die Anmut, die ich meine, ist nicht so: Sie passt ganz gut zu natürlicher Selbstsicherheit, sie geht einher mit Charme und macht es dem Mann keineswegs zu leicht. Vielleicht bin ich ja ein hoffnungsloser Romantiker, doch wenn ich das Glück habe, ein weibliches Wesen zu treffen, das diese besondere Ausstrahlung hat, empfinde ich das als Glücksfall.
Hans Trachsel, Zollikofen, Schweiz

Im Nachlass der Künstlerin Henriette Florian habe ich ein an sie gerichtetes Schreiben des österreichischen Geschäftsträgers in Israel vom Dezember 1969 entdeckt. Dort heißt es: „Wie versprochen, erlaube ich mir, Ihnen **ANVERWAHRT** noch die Übersetzung von zwei Ihrer Interviews zu übermitteln." Seither ersetzt dieses wundervolle Wort des vollendeten Diplomaten in meinen E-Mails schnöde Wendungen wie „anbei" oder „beiliegend".

Andreas Schindl, Wien

Kürzlich hörten wir ein Kinderlied, in dem das Wort **ARZNEI** vorkam. Wie schade, dass kaum jemand mehr dieses Wort benutzt! Noch geheimnisvoller klingt die alte Form „Arzenei". Da kann „Medikament" nicht mithalten, denn Arzenei klingt fast wie Zaubertrank.

Julia Potthoff, Aschheim, Bayern

Ich habe noch die Stimme meiner Mutter im Ohr, die meine beiden Brüder ermahnt, auf mich, das Nesthäkchen ein **Augenmerk** zu haben. Eigentlich dürfte ich mich in Anbetracht meines damaligen Alters nicht daran erinnern, dennoch (vielleicht aus Erzählungen?) habe ich die Situation genau vor Augen, in der ich im Graben landete und mir die Seele aus dem Leib schrie, weil meine Brüder Rennen mit mir gefahren waren. Mein Vater befreite mich dann aus meiner misslichen Lage. Später gab ich diesen Wort-Schatz an meinen älteren Sohn weiter, indem ich ihm einschärfte, „ein besonderes Augenmerk" auf seinen kleinen Bruder zu haben. Und weil auch das nicht gelang, sorgt das Wort auf Familienfeiern bis heute für Schmunzeleien.

Mariéle Runge, Esslingen

Ein poetisches Wort, das ich sehr liebe: **Augenweide**. Mein Großvater sagte – vor über 60 Jahren – häufig zu mir, dem bezopften kleinen Mädchen: „Dodi, du bist meine Augenweide." Unwillkürlich verband ich das Wort seinerzeit mit dem Bild, das in mir entstand, wenn er mir den 23. Psalm vorlas: „Er weidet mich auf einer grünen Aue und führet mich zum frischen Wasser." Mein Opa, ein alter Pastor, extrem kurzsichtig, die Bibel dicht vor die Augen haltend, las diesen Psalm mit seinem vokaltiefen baltendeutschen Akzent. Seither verbinde ich mit dem Wort Augenweide eine schöne Vorstellung: Erquickung für Großvaters müde, durch dicke Brillengläser strapazierte Augen.

Dorothea Braun-Ribbat, Heilbronn

Ein außergewöhnliches, obgleich schlichtes Wort ist **AUSGEFUCHST**. Es ist nämlich fast so vielseitig wie das englische Wort *cool*. Im Normalsprech könnte man es zunächst mit den Begriffen „schlau", „clever", „listig" und „intelligent" übersetzen. Aber eigentlich ist „ausgefuchst" auch damit unzureichend beschrieben. Denn erstens versprüht es einen unglaublichen Charme und Witz – egal, in welcher Situation – und besitzt damit auch einen hohen Ansteckungswert. Zweitens ist ein ironischer Gebrauch leichter möglich als bei dem Attribut „schlau". Drittens kann es Bewunderung für schlaue, eben ausgefuchste Handlungen oder Menschen kundtun, ohne schleimig zu wirken.

Philip Dingeldey, Hersbruck, Mittelfranken

Von meinen Eltern kenne ich noch das Wort **AUSKLAMÜSERN**. Sie benutzten es, wenn ich eine heikle Sache zu lösen versuchte – den Reifen eines Hinterrads am Fahrrad flicken, eine grammatikalische Regel korrekt anwenden oder hinter den Sinn einer Erklärung steigen. Ich musste das Problem eben mit Mühe und Ausdauer ausklamüsern; gelang es, waren alle stolz, scheiterte man, hatte man sich leider umsonst „abklamüsert". Auch heute muss man noch vieles, etwa unverständliche Aufbauanleitungen, ausklamüsern.

Karl-Josef Mewaldt, Buxheim

B

Altjüngferlich herzzerreissend Gespür hinterfragen Na! Herrenkommode
Imponderabilien Gemüse Holderbusch jottwede Himmelchen Kaffeeklatsch
Kraftbrühe Tüdelmüchtel zimperlich Karacho Kochkiste blümerant
Triumphgemüse wieseln Hagestolz Perpendikel Kabuff Trine Muse
Kanapee Wegzehrung ratzeputz Dämmerschoppen Habgier immens Demut labe darben Feierabend traumverloren
wundervoll Schmaus hochherzig ewig schon Klapperatismus Liebkosung Hirnscherben
gelackmeiert wohlweislich delirös Kleinod fabulieren Kalfaktor Armut Käpsele lässig übel
wahrhaftig Unbill gewogen Arznei Kawuppdich Kinderfreund Schnitzer
schlaftrunken zappenduster Schäkel Doktorvater
Tollpatsch Bauernglätte dräuen Poofe Glimpf Gutdünken selbander Groschen
verplempern überzwerch umfrieden vermaledeite Violoncello zauberschön Übergangsmantel
Zwischendreher dahoim zutraulich
Augenmerk Wohlwollen behende Habseligkeiten belämmert
Bredouille Chaiselongue Christkindl Hansdampf in allen Gassen Heidewitzka! Beutelschneider
futschikato flugs famos Dummbax ermattet Duckdalben Fersengeld
Fahrkartenschalter Erfrischungsraum Feldrain fürbass gebenedeit
Bauwerksertüchtigung Gedöns Ferngespräch

In Dithmarschen spricht man im Herbst oft von **Bauernglätte**. Als ich das Wort hörte, dachte ich an „Bauernschläue" oder „Bauernregel" und fand es sympathisch. Dann lernte ich, dass die Bauern die Glätte verursachen, wenn sie nach der Ernte mit erdigen Reifen auf die Straße fahren und dort den Dreck verlieren. Der nächste Regen macht die Fahrbahn dann extrem rutschig, was schon manchem Autofahrer zum Verhängnis wurde.
Klaus Gernoth, Kronprinzenkoog, Schleswig-Holstein

Auf einer Autobahnfahrt nach Salzburg kamen wir an einer Brückenbaustelle vorbei. Zur Erläuterung stand auf einem Schild: **Bauwerksertüchtigung**. Was für ein schönes Wort! Die kleine Brücke steht da und dann kommen die Arbeiter und sagen zu ihr: „Streck dich und reck dich, damit du einmal eine große Brücke wirst!" Leibesertüchtigung (vulgo Turnstunde) kannte ich. Aber dass es das auch für Bauwerke gibt: schön!
Hermann Stuis, Lochham bei München

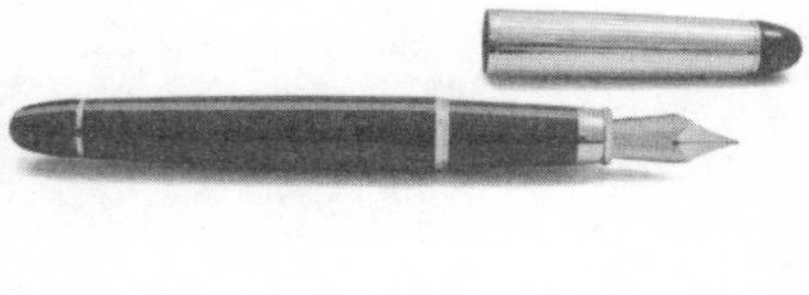

Mein Schatz aus der großen Wortkiste heißt **Behaglichkeit**. Ach, wie wunderbar fühlt es sich an! Es ist etwas ganz anderes als Gemütlichkeit – nicht so langweilig, spießig, volkstrachtenhaft. Und es ist natürlich etwas ganz anderes als Bequemlichkeit, denn Behaglichkeit ist ein Seelenzustand und kein Sitzmöbel. Behaglich ist, wenn man sich zum Beispiel mit dem Rücken in einem großen, weichen Kissen zurechtschuckelt und den Blick auf irgendetwas Fernes oder Nahes richtet – oder eben auch nicht. Behaglich ist ganz viel Dankbarkeit, dass es einem gerade jetzt so gut geht. Für Behaglichkeit braucht es nur wenig Geld oder vielmehr fast keines. Es braucht allerdings wohl etwas Zeit, denn Behaglichkeit ist das Gegenteil von Stress. Schon der Maulwurf Grabowski schaute abends aus seinem Maulwurfslochhügel, kreuzte die Arme vor der Brust, den kleinen Bauch und die Beinchen in der warmen Erde, betrachtete die Wiese im Abendlicht und seufzte: „Wie behaglich, wie geruhsam!"

Viktoria Pollmann, Hofheim am Taunus

Zu meinen schönsten Kindheitserinnerungen gehören die Samstagmorgen, an denen unser Vater meinem Bruder und mir vorlas. Ich war neun Jahre alt, mein Bruder drei Jahre älter. Deshalb variierte die Literatur von der *Unendlichen Geschichte* über *Momo* bis hin zu den Büchern von Enid Blyton. Mein Bruder und ich lagen an unseren Papa geschmiegt in seinem Bett und lauschten seinen Worten. Oft war er schon ganz heiser, weil er häufig unserem Bitten nachgab: „Nur noch ein Kapitel, jetzt ist es gerade so spannend!"

In der Abenteuerserie von Enid Blyton kommt mein Wort-Schatz vor. Ich weiß nicht mehr, in welchem der acht Bücher beschrieben war, wie ein Kind **BEHENDE** einen Fels hochklettert. Mein Bruder und ich jedenfalls mussten uns von unserem Vater erklären lassen, was das bedeutet, denn das Wort wurde auch schon 1986 kaum noch benutzt. Zum Amüsement unseres Vaters ließen mein Bruder und ich uns minutenlang über dieses komische Wort aus.

Nun lebe ich seit fast neun Jahren in der Schweiz und arbeite als Logopädin mit Kindern. Vor zwei Jahren entdeckte ich meinen Wort-Schatz in einem Förderbericht, da verwendete eine Therapeutin tatsächlich das Wort „behende"! Sogleich hatte ich wieder das Bild des kletternden Mädchens vor Augen – und den 22 Jahre zurückliegenden Samstagmorgen.

Ruth Schulte Meyer, Bern

Heute habe ich einem Vielbeschäftigten eine überflüssige Frage gestellt und mich nachher geschämt, dass ich ihn unnütz von der Arbeit abgehalten, also **BELÄMMERT** habe. Als ich darüber nachdachte, fiel mir ein, dass dieses Wort in meiner Heimat (bei Magdeburg) noch zu zwei anderen Gelegenheiten gebraucht wurde. Jemand, der abgewiesen oder überstimmt wurde, stand verlegen oder belämmert da. Und „Du bist belämmert!" schimpfte man den, dessen Ansinnen man als abstrus zurückweisen wollte.

Ruth Möller, Glückstadt, Schleswig-Holstein

In einer früheren Ausgabe der ZEIT wurde in dieser Rubrik der „Schäkel" erwähnt, der in der Schifffahrt und im Maschinenbau dazu dient, Tauwerk, Seile und Ketten zu befestigen. In diesem Zusammenhang existiert noch ein anderes wunderschönes Wort, und zwar **BEMUSEN**. Einen Schäkel bemusen bedeutet, ihn mit einem Draht gegen unbeabsichtigtes Aufdrehen zu sichern. Obwohl ich oft mit Schäkeln hantiere, bin ich, mangels technischer Notwendigkeit, bisher jedoch noch nie in den Genuss gekommen, selbst zu bemusen. Die Musen küssen eben nicht jeden.

Stephan Müller, Meerbusch

In Schleswig-Holstein ist die hochdeutsche Sprache oft noch von plattdeutschen Lautgebungen durchsetzt. So lassen wir uns, wenn Trost oder Hilfe benötigt wird, gern von einem anderen **BEPÖÖSCHEN**. Es bedeutet das liebevolle Umsorgen und das Kümmern um einen Menschen. Dieses so anheimelnd schöne Wort ist leider etwas in Vergessenheit geraten, aber wir zu Hause benutzen es immer noch gern, weil es einen intimen Klang hat, der auch Erinnerungen an unsere Kindheit wachrufen kann.

Wilfried Faust, Bajamar, Teneriffa

Wird in den Verkehrsnachrichten von einem Unfall berichtet, entsteht in meinem Kopf das Bild von verletzten Menschen, womöglich weit entfernt vom Heimatort, hilflos und verzweifelt. Wie viel besser klingt da doch „Stau wegen **Bergungsarbeiten**“: Wenn ich das höre, bin ich beruhigt: Da sind kompetente Menschen, die sich um die Opfer kümmern, und diese dürfen sich nun – hoffentlich – geborgen fühlen.

Ulrike Hünig, Margetshöchheim, Bayern

Dänemark ist unser liebstes Urlaubsland. Alle paar Jahre, meist im Herbst, fahren wir für zwei Wochen hin. In den Ferienhäusern ist der Samstag der Tag, an dem an- und abgereist wird, dafür gibt es ein Wort: **Bettenwechsel**.

Anfangs fand ich das Wort in den Ferienhaus-Katalogen eher kurios, aber inzwischen ist es für mich zu einem Synonym für Urlaub geworden. Zumal es für den ersten Tag steht, den Anreisetag – der Urlaub fängt erst an! Früher, als wir im Rheinland wohnten, bedeutete das: Freitagabend das Auto packen und vor Sonnenaufgang rauf auf die Autobahn. Sechs Stunden Fahrt liegen vor uns. Wie wird das Haus diesmal sein? Kann man die Brandung hören? Gibt es Wind genug für den Drachen? Werden wir Bernstein finden? Ist der Mann mit dem Softeis noch da? Vorfreude ist eben die schönste Freude.

Jetzt wohnen wir in der Nähe von Hamburg. Wenn ich samstagmorgens an die Brücke über die A7 komme, schaue ich, wie stark der Verkehr Richtung Norden ist. In Ferienzeiten sieht man es gleich: In Dänemark ist Bettenwechsel.

Thomas Pfnorr, Wedel

Beutelschneider ist ein Wort, das in vollkommen klarer und plastischer Form das ausdrückt, was passiert, wenn man in finanzieller Hinsicht an die Falschen gerät. Meine Cousine und ich entdeckten es während einer Grachtenfahrt in Amsterdam wieder, als wir uns über die dortigen Immobilienpreise unterhielten.
Karin Dix, Konstanz

Bereichert und erfrischt von einer sehr angenehmen Wanderung im Gebirge (dort oben war es ja viel kühler als im heißen Talgrund), kam mir das Wort **bewandert** in den Sinn. Ursprünglich bedeutete es, laut Herkunftswörterbuch des Dudens, eigentlich „viel gereist". Heute muss man nicht die Füße bewegen, um „bewandert" zu sein. Aber ich frage mich: Bringt ein bisschen Herumschmökern in Wikipedia tatsächlich so viel Erkenntnisgewinn wie das sinnliche Erleben?
Ingeborg Schrettle, Lieboch, Österreich

Ich habe mehrere Lieblingsworte, aber eines benutze ich besonders gern: **blümerant**. Es ist zwar nicht weniger schlimm als *bleu mourant,* man fühlt sich aber nicht gleich so sterbend, sondern eher blumig schwebend.
Erika Link, Stuttgart

Ich möchte Ihnen gern mein Lieblingswort vorstellen. Es heißt **Botanisiertrommel**. Dieses Wort übt seit meiner Schulzeit eine geradezu magische Wirkung auf mich aus und wahrscheinlich ist dafür ein Pauker mit Hang zu Naturwissenschaften und Entdeckergeschichte verantwortlich, an dessen Namen ich mich leider nicht mehr erinnern kann. Sowohl der Begriff selbst als auch die Wortmelodie haben mir immer besonders gut gefallen und ich staunte nicht schlecht, als ich die Botanisiertrommel vor einigen Jahren in dem Buch *Die Vermessung der Welt* von Daniel Kehlmann wiederfand.

Wie gern würde ich einmal auf den Spuren von Alexander von Humboldt durch Südamerika streifen! Exotische Pflanzen und Insekten würde ich natürlich nicht mehr sammeln und mitnehmen, sondern nur anschauen. Viele Arten stehen heute sicher unter Naturschutz. Oder sie sind inzwischen auch bei uns in Europa heimisch geworden. Oder wir können uns wenigstens im Botanischen Garten an ihnen erfreuen – Herrn Humboldt und dem Inhalt seiner Botanisiertrommel sei Dank.

Gabriele Rohlf, Bremen

Das französische **Bredouille** wird heute für „in der Patsche, in der Zwickmühle stecken" verwendet. Mein Wort-Schatz ist es, weil wir Rheinländer es, der Sprechbequemlichkeit wegen, so wunderbar zur „Bedrullje" verballhornen.

Thomas Schmitter, Langenfeld (Rheinland)

C

Aus der Küche meiner Eltern war sie nicht wegzudenken: die **Chaiselongue**. Auch meine Schwiegereltern hatten so ein Liegesofa. Es bereicherte das Esszimmer. Mit dem erhöhten Kopfteil war es für eine Person das ideale Kurzzeitruhemöbelstück für ein Mittagsschläfchen.

Doch nicht nur aus den allermeisten Wohnungen, sondern auch aus dem heutigen Wortschatz ist das gepolsterte „Römersofa" praktisch verschwunden. Als alltagstaugliche Sitzgelegenheit wie auch als Tagesruhemöglichkeit gehörte es nach meiner Erfahrung zur Einrichtungsnormalität der sechziger und siebziger Jahre. Offenbar steht es heute auf der Roten Liste der vom Aussterben bedrohten Begriffe. Rein zufällig ist es mir vor Kurzem wiederbegegnet, das Wort „Chaiselongue". Wie ein alter, lieb gewonnener Bekannter, den man seit Jahrzehnten nicht mehr gesehen hat, fühlte es sich an, das Erinnern an den „langen Stuhl", wie er wörtlich übersetzt heißt. Viele Kindheitserinnerungen verbinde ich damit, die spontan wieder präsent waren. Schonungslos strapazierte ich das Möbelstück damals als Spielwiese und Trampolin oder zweckentfremdete es als Sprungbrett und Austragungsort für Raufereien mit Spielgefährten. Auch Tobi, unser kleiner Hund, hat es genossen, darauf zu toben – oder neben seinem Herrchen solidarisch mitzudösen.

Vielleicht wird sie ja im Zuge des angesagten Retro-Trends irgendwann wieder hip und erlebt als modernes, megacooles Designerstück eine Renaissance, die Chaiselongue!

Thomas Fürbaß, Bad Schönborn

Seit über 40 Jahren habe ich – immer im Dezember – ein Lieblingswort: **Christkindl**. (Oder besser: „Chrischdkindl", wie wir im bayrisch-schwäbischen Dialekt sagen.) Schon das Wort ist weich und rund und wir Kinder wussten, dass dieser kleine Kerl in kurzem, dünnem Kleidchen den ganzen Dezember die Fensterbänke abflog und Wunschzettel einsammelte. Welche Macht dieses kleine Wesen hatte: Es konnte all die Wünsche erfüllen und auch liefern! Das Wohnzimmerfenster musste dazu an Heiligabend nur einen klitzekleinen Spalt offen stehen. Das Weihnachtswunder!

Als Erwachsene erfuhr ich dann vom Weihnachtsmann, bedingt durch meinen norddeutschen Ehemann. Wie profan! Ein dicker Mann mit dickem Mantel gegen die Kälte, der auch noch einen Schlitten zur Fortbewegung braucht!

Unsere Kinder kennen aus paritätischen Gründen nun beide: das Christkindl (nun hochdeutsch) und den Weihnachtsmann. Die beiden haben sich die immer mehr werdende Arbeit in einer globalisierten Welt geteilt.

Zu uns aber kommt weiterhin das Christkindl: Am Heiligen Abend steht die Terrassentür einen klitzekleinen Spalt offen.

Pia Kraus, Ulm

D

Der Student befindet sich immer im Zwiespalt: Was bezeichnet er als „Zuhause", den Studienort oder das Elternhaus? Dank der kleinen sprachlichen Unterschiede innerhalb Deutschlands bin ich gegen dieses Problem gefeit: Ich bin in Norddeutschland zu Hause und in Süddeutschland **DAHEIM**. So einfach kann es sein.

Sabine Volk, Tübingen

Seit Jahrzehnten halten wir es mittlerweile schon mit der guten britischen Tradition und trinken den ersten Alkohol eines Tages um 18 Uhr als *sundowner.* Bei Sonnenschein sollte man Alkohol ja meiden, vor allem in den Tropen … Und dann stieß ich auf das wunderschöne Wort **DÄMMERSCHOPPEN**. Das ist unseren Breiten doch viel angemessener und strahlt dazu noch eine gewisse Gemütlichkeit aus. (Den Frühschoppen lassen wir mal außen vor, siehe oben!) Deshalb ist „Dämmerschoppen" mein Wort-Schatz. Prost!

Sibylle Fischer, Witten

DARBEN ist aus unserem Wortschatz fast verschwunden. Kein Wunder angesichts des Überflusses in unseren Läden. Zum Glück fehlt es hierzulande nicht an Essbarem! Vielmehr erleben viele Menschen einen Mangel an Wertschätzung, Zuwendung und Achtsamkeit. Angesichts der steigenden Zahl an Essstörungen hat für mich Darben eine andere Bedeutung erlangt.

Elisabeth Weber-Strobel, Heidenheim

Beim Probieren selbst gemachter Marmelade, des Geschenks einer netten Nachbarin, fiel mir das Wort **DELIZIÖS** ein. Klingt etwas abgehoben, ist schon lange, lange nicht mehr im Sprachgebrauch, aber allemal besser als „lecker".

Monika Christiane Nimz, Gartz/Oder

Im Forum für die nur noch selten gehörten Wörter sollte das Wort **DEMUT** einen Platz finden. Demut bedeutet nicht Schwäche oder Unterwerfung. Im Althochdeutschen hieß *muot* „Kraft der Sinne, des Willens", ähnlich wie das englische *mood.* Willensstärke also, aber nicht aggressiv, sondern mit Augenmaß. (Auch ein fast vergessenes Wort!) Wahre Demut ist fern aller theologischen Enge die Stärke des Geistes, des Menschseins.

Hildegard Wissing, Bleckhausen

In Stefan Zweigs *Triumph und Tragik des Erasmus von Rotterdam* heißt es: „Im Humanismus feiert die Zeit ihren eigenen **Denkmut** und ihre neue Hoffnung." Denkmut gehörte zur Zeit des Erasmus (1465–1536) wahrhaftig dazu, die Kirche und den Papst zu kritisieren und sich darüber lustig zu machen in einer Satire und im *Lob der Narrheit.* Nach Erasmus ist zu Recht das Programm der EU für grenzüberschreitende Mobilität und Zusammenarbeit in der europäischen Hochschulbildung benannt. Denkmut bringen die vielen Millionen Studenten in Europa auf, die daran teilnehmen. Aber warum ist das schöne Wort aus unserem aktuellen Wortschatz verschwunden?

Renate Salz, Bonn

Seit ich mit meiner Dissertation anfing, gewinnt das Wort **Doktorvater** für mich mehr und mehr an Bedeutung. Es fühlt sich wirklich manchmal an, als wäre ich mit dreißig noch einmal Kind. Mein Doktorvater (der vom Alter her tatsächlich mein Vater sein könnte) weiß mich immer wieder auf den richtigen Weg zu bringen. Er hört zu und gibt seine Erfahrungen an mich weiter.

Mira Schlitt, Trier

Ein Ausdruck, der mir heute Morgen in den Kopf kommt und der auch gut zur Sommerhitze passt: Ich fühle mich ziemlich **DÖSBADDELIG** heute. Da klingt das Langsame, etwas Benommene, geistig nicht voll auf der Höhe Stehende doch wunderbar mit!

Marit Breede, Hildesheim

Dunkle Wolken am Himmel, der Wind nimmt zu, fernes Donnergrollen. Es scheint ein Gewitter aufzuziehen, mehr noch, zu **DRÄUEN**. Für mich schwingt bei diesem Wort etwas Unheimliches mit, eine drohende Gefahr. Wenn sie dann doch nicht eintritt, ist Erleichterung angesagt.

Sigrid von Swieykowski, Bad Homburg

Im Kurpfälzer Dialekt meines Heimatortes an der Bergstraße hieß der vor dem Herbsten oft aufsteigende Frühnebel **DRAUWEDRIGGER** – Traubendrücker. Wenn ich vor meinen leider hochdeutsch erzogenen Enkeln solche Wörter benutze, schauen sie mich verständnislos und leicht geniert an. Dabei ist ein Ausdruck wie dieser für mich ein wahrer Schatz.

Heiner Markmann, Heidelberg

Beim Spaziergang im Hamburger Hafen fragte ich, 51, meinen Vater, 81, ob diese langen schwarzen Holzpfähle im Hafenwasser eigentlich einen Namen hätten. Das seien doch **Duckdalben**, erklärte mir mein Vater, an denen die Schiffe festmachen, wenn am Kai kein Platz mehr ist! Er schien etwas erstaunt zu sein ob meiner Unwissenheit. So ein witziges Wort für eine so wichtige Sache, das finde ich immer wieder schön. Und besonders schön, weil es mir mein Vater erklärt hat!

Veronika Bergmann, Duchroth, Rheinland-Pfalz

Wenn wir in früheren Zeiten jemanden einen **Dummbax** nannten, war es jemand, der etwas verträumt oder nur trottelig war und in manches Fettnäpfchen trat. So einem konnte man eigentlich nichts übel nehmen.

Werner Müller, Berlin-Spandau

E

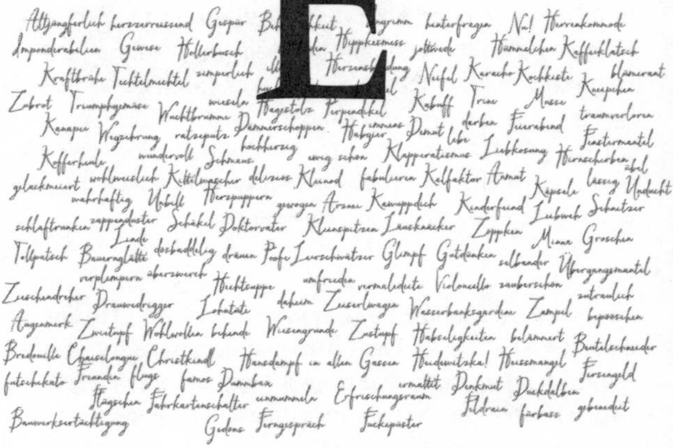
herzzerreissend Gespür hinterfragen Nu! Herrenkommode
Imponderabilien Gewese Hollerbusch jottwede Kaffeeklatsch
Kraftbrühe Techtelmechtel zimperlich Karacho Kochkiste blümerant
Zubrot wieseln Hagestolz Perpendikel Kabuff Trine Muße
Kanapee Wegzehrung ratzeputz Dämmerschoppen Habgier immens Demut darben Feierabend traumverloren
wundervoll Schmaus hochherzig ewig schön Liebkosung übel
gelackmeiert wohlweislich Kleinod fabulieren Kalfaktor Armut Käpsele lässig
wahrhaftig Unbill gewogen Arznei Kawuppdich Kinderfreund
schlaftrunken zappenduster Doktorvater Minna Groschen
Linde Tollpatsch dösbaddelig dräuen Glimpf Gutdünken selbander Übergangsmantel
verplempern überzwerch Hechtsuppe umfrieden vermaledeite Violoncello zauberschön zutraulich
daheim Zampel
Augenmerk Wohlwollen behände Wiesengrunde Zustupf Habseligkeiten belämmert Beutelschneider
Bredouille Chaiselongue Christkindl Hansdampf in allen Gassen Heissmangel Fersengeld
futschikato flugs famos Dummbax ermattet Duckdalben
Fahrkartenschalter einmummeln Erfrischungsraum Feldrain fürbass gebenedeit
Bauwerksertüchtigung Gedöns Ferngespräch

Was mir bei EINMUMMELN alles einfällt: Sonntagmorgen, Tannenspitzen vor dem Fenster, leise knackendes Feuer, knisternde Daunendecken, kalte Nasenspitzen, müde Augen, warme Haut, an die man sich kuschelt, um sich beschützt und sicher zu fühlen.

Katharina Becker, Karlsruhe

ERFRISCHUNGSRAUM. Mein Lieblingswort bezeichnet kein stilles Örtchen, sondern eine laute Lokalität der sechziger Jahre, wo schmatzende und schwatzende Menschen in Eile – man war ja beim Einkauf oder in der Mittagspause – Bratfisch, Bratwurst oder Boullion zusammen mit blassen Toast-Dreiecken vertilgten. In späteren Zeiten wurden die Erfrischungsräume von Selbstbedienungsrestaurants und Schnellimbissen abgelöst. Auf mich als dreizehnjährige Fahrschülerin übte der Erfrischungsraum im Untergeschoss bei Karstadt auf dem Westenhellweg in Dortmund eine unwiderstehliche Anziehungskraft aus. Hier begann meine lebenslange Amour fou zu „Pommes mit" (damals Mayo, heute lieber Ketchup), hier blieb zwischen Unterrichtsschluss und dem nächsten Zug nach Hause so mancher Groschen meines knapp bemessenen Taschengeldes. Und was nicht im Erfrischungsraum umgesetzt wurde, landete in der ebenfalls erinnerungsträchtigen Milchbar …

Helga Bothe, Kierspe

Manchmal scheint es, als ob Anstrengung nur noch negativ wahrgenommen wird. Ich will das Burn-out in unserer hektischen Zeit nicht kleinreden, aber wie schön ist es, nach getaner Arbeit wohlig **ERMATTET** zu sein. Diese Momente wunschloser Zufriedenheit und meditativer Leere sind das pure Glück. Falls Sie das nächste Mal einer fragt: „Na, bist du auch so kaputt?", wäre es doch toll, wenn Sie antworten könnten: „Nein, nur ein wenig ermattet."

Thorsten Faust, Leingarten, Baden-Württemberg

Mein Großvater hat in seinen Urlauben die täglichen Unternehmungen und Wanderungen in einem kleinen Heft mit einer wunderschönen Schrift festgehalten. Alle Seiten hat er nummeriert und am Anfang gibt es eine genaue Inhaltsangabe. Bei einer Tour steht über den Anblick eines Gipfels, den er nicht zum ersten Mal sah: **EWIG SCHÖN**. Diese Worte haben mich sehr berührt. Wie recht er hat!

Jutta Neff, Niedernhausen, Hessen

F

Altjüngferlich herzzerreissend Gespür hinterfragen Na! Herrenkommode
Imponderabilien Gewese Holunderbusch Hippkesmoss jottwede Hümmelchen Kaffeeklatsch
Kraftbrühe Techtelmechtel zimperlich Herzensbildung Neifel Karacho Kochkiste blümerant
Zubrot Triumphgemüse wieseln huch! Kabuff Trine Kaspchen
Kanapee Wegzehrung ratzeputz Dämmerschoppen Habgier immens Demut darben Feierabend traumverloren
Kofferkuli wundervoll Schmaus hochherzig ewig schon Klapperatismus Liebkosung Fenstermantel
gelackmeiert wohlweislich Kittelwascher delizios Kleinod fabulieren Kalfaktor Anmut übel
wahrhaftig Unbill gewogen Arznei Kawuppdich Kinderfreund Kapsele lässig Schnutzer
schlaftrunken zappenduster Schäkel Doktorvater Klienspitzen Zippken Liebweh
Tollpatsch Bauernglätte dösbaddelig drömen Poofe Glimpf Gutdünken Minna Groschen
verplempern Suppe selbander Übergangsmantel
vermaledeit Violoncello zauberschön zutraulich
Augenmerk Drauwedrigger daheim Wasserbanksgardine Zampel
Wohlwollen behende Wiesengrunde Habseligkeiten belämmert Beutelschneider
Bredouille Chaiselongue Christkindl Hansdampf in allen Gassen Heiduwitzka! Heissmangel
futschikato Frenadin flugs famos Dummbax ermattet Denkmut Duckdalben Fersengeld
Fahrkartenschalter Erfrischungsraum Feldrain fürbass gebenedeit
Bauwerksertüchtigung Gedöns Ferngespräch

In der kleinen französischen Stadt Moulins in der Auvergne trafen wir kürzlich auf einen veritablen Wort-Schatz-Sucher. Wir gingen am Abend mit ihm in der Stadt spazieren und saßen anschließend noch gemütlich bei einem Tee beisammen. Es stellte sich heraus, dass er ein angehender Schriftsteller war und als solcher Wörter verschiedener Sprachen sammelte. Er fragte uns nach unseren deutschen Lieblingswörtern. Mir fiel sogleich **FABULIEREN** ein. Mit seiner herrlichen Übereinstimmung von Form und Inhalt ist es ein Lobgesang auf den Reichtum ausschweifender Texte. Mit seiner phonetischen Sanftmut deckt es einen zarten euphemistischen Schleier über so manchen Text, der andernfalls als „Geschwafel" abgestempelt werden müsste. Als wir von unserer Reise zurückkamen, erhielten wir diese Nachricht aus Moulins: *„I must say I appreciated your curiosity and your politeness, our walks and your stories.* Danke *for your words* (fabulieren, liebkosen, scharwenzeln): *one day I'll be able to use them and feel their musicality! Have a great life!"*

Martin Wunderlich, München

Die Deutsche Bahn wird wegen des Gebrauchs von Anglizismen oft gescholten. Ich zucke aber auch bei deutschen Neuschöpfungen zusammen, etwa bei der Ansage: „Die Anschlüsse auf allen Unterwegsbahnhöfen werden erreicht." Als ich vor Kurzem in Paris war, fand ich auf dem dreisprachigen Hinweisschild auch das Wort **Fahrkartenschalter**, was mir in dieser Umgebung dann aber doch Tränen der Rührung in die Augen trieb.

Heinz Burger, Berlin

Es gibt viele Worte, mit denen man ausdrückt, dass man etwas gut findet: toll, prima, großartig. Oder auch, heute gern verwendet: cool, geil. Gibt es Alternativen mit mehr Stil? Wie wäre es mit grandios oder brillant? Vielleicht ein wenig dick aufgetragen? Vor einiger Zeit entdeckte ich ein anderes, scheinbar aus unserem Wortschatz völlig verdrängtes Wort bei der Lektüre von Hemingways *Fiesta.* Nicht selten drücken die Protagonisten dort ihre Zustimmung mit **famos** aus. Zugegeben, es klingt ein wenig ungewohnt und altbacken. Aber es hat Charme! Wir sollten es wiederbeleben. Wenn ich demnächst nach einem gemeinsamen Abendessen gefragt werde, dann antworte ich mit: „Famose Idee!"

Michael Popp, Lingen/Ems

Ich fürchte um den **Feierabend**, die klare Unterscheidung zwischen der bezahlten Arbeit am Tag und den Mußestunden am Abend. Ständige Erreichbarkeit hat den Wortsinn des Feierabends aufgeweicht. Mit der Zeit ändert sich eben vieles, auch die Sprache, da hilft kein Lamentieren. Und deshalb höre ich jetzt auch auf, mache Schluss oder noch besser: mache Feierabend.

Elisabeth Weber-Strobel, Heidenheim

Mein Wort-Schatz heißt **Feldrain**. Was steckt alles in diesem Wort! Sommerhitze, gelbe Kornfelder, leuchtende Mohn- und Kornblumen, ab und zu auch Kamille, Insektengesumm – Sommerferienkindheitsglück.

Später kam mir mein Wort-Schatz abhanden. Da gab es nur noch Weg- oder gar Straßenränder. Das klingt nach Staub und Verkehr und ich trauerte meinem Feldrain nach. Aber dann kam er wieder, allmählich erst, dann immer häufiger, und heute freue ich mich bei unseren Spaziergängen wieder an meinem bunten, duftenden Feldrain.

Almut Eberhardt, Detmold

Wer weiß noch, was ein **Fenstermantel** ist? Im Winter wurde ein dickes Stück Stoff mit zwei Ringen dicht vor das immer zugige Fenster gehängt, um so die (Ofen-)Wärme im Zimmer zu halten. Im Internet findet man den Begriff noch.

Renate Sommer, Mülheim an der Ruhr

Ferngespräch, das klingt nach etwas Besonderem, nach Ferne. Neulich stieß ich in einem Telefonat mit einem Freund auf dieses Wort. Er sagte zu einem Kollegen, als er mit mir telefonierte, er führe ein „Ferngespräch". Reaktion: Verwunderung. Er wohnt im Westen, genauer in Walldorf bei Frankfurt, und ich lebe in Dresden, also im Osten. Wir necken uns gern mit den typischen Ost-West-Klischees. Erwähnen sollte ich wohl, dass wir beide zur Zeit der Wende um die zwölf Jahre alt waren. Heutzutage telefoniert man mit Flatrate sonst wohin und macht sich keine Gedanken mehr darüber. Aber in unserer Kindheit sah das noch anders aus. Gerade in der DDR gab es nur in wenigen Haushalten ein Telefon. Und so war es an der Tagesordnung, dass man als Telefonbesitzer Besucher hatte, die kamen, nur um ein Ferngespräch zu führen.

Marlen Arnold, Dresden

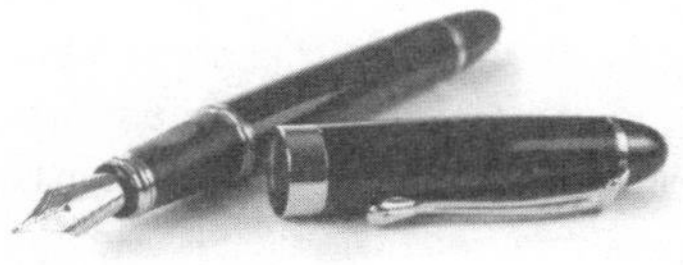

Meine kleine Tochter liest in einem Kinderbuch, runzelt die Stirn, blättert zurück und fragt schließlich skeptisch: „Mami, können Jungen ihren Fersen Geld geben?" Ich muss lächeln, das Wort **Fersengeld** habe ich schon ewig nicht mehr gehört.

Durch meinen Kopf wirbeln fast 40 Jahre alte Bilder. Ich erinnere mich, was meine Schulfreundin Gaby und ich – damals etwa so alt wie meine Tochter heute – so alles anstellten und wie oft wir vor Strafe oder Vergeltung flüchteten: Fersengeld gaben.

Nur einmal klappte es nicht. Da stand bald darauf ein Polizist in der Wohnungstür. Er suchte die Kinder, die Mehlmatschbomben auf arglose Passanten geworfen hatten. Ich erkläre meiner Tochter die Bedeutung des Wortes Fersengeld. Nur über Beispiele schweige ich lieber.

Anke Berlett, Neuss

Wie das Wort **flugs** schon beim Hören an mir vorbeisaust, so geht mir das, was ich flugs mache, leicht von der Hand. Unkraut jäten etwa: Ich schlendere zur Gartenbank, um dem Müßiggang zu frönen, aber zwischendurch zupfe ich flugs noch vier, fünf kleine Kräutersprösslinge aus der Erde unterm Rosenbusch. Viele Male flugs gezupft, und das Jäten ist keine Arbeit mehr! Nebenbei freut sich die Familie, dass von ihr keiner ranmuss. Na ja: Manchmal wird aus „flugs" auch eine Stunde oder mehr. Dann nämlich, wenn die Zeit wie im Flug vergeht.

Gudrun Duisberg, Aachen

Flügschen *vgl.* Messerchen

Leidenschaftlich freuen kann ich mich über diese Wort-Schätze! Und noch schöner als Perlen wie „Sommerfrische" und die beileibe nicht lärmende „Botanisiertrommel" finde ich die **Freundin**, den weiblichen Freund. Ein Glücksfall, der von Frauen wahrscheinlich weniger geschätzt wird und von Ehefrauen wohl überhaupt nicht. Für meinem Vorschlag erwarte ich also wenig Beifall. Dennoch bleibt die Vorstellung, eine Freundin auch so nennen zu dürfen, ohne dass es ein Missverständnis gibt, ein gern gehegter Gedanke, mithin die weibliche Version des Freundes vorerst mein Favorit. Leidenschaftlich ärgern kann ich mich dagegen über den „Windpark", in dem viele Räder auch bei frischem Wind stillstehen. Wenn gerade kein Strom gebraucht wird, genügt ein Dreh der Blätter aus dem Wind. Aber wie funktioniert das bei Solarzellen? Der Sonnenschirm wäre zu simpel. Mit dem überflüssigen Strom aber könnte man das überflüssige Windrad oder dessen Plural antreiben. Optisch wäre das optimal – und fertig wäre der gemischte „Wind- und Gebläsepark".

Dietrich Ehlers, Falkensee

Als Kinder haben wir gesungen: „**Froh** zu sein bedarf es wenig, und wer froh ist, ist ein König." So richtig verstanden haben wir das Lied wohl nicht, aber wenn wir gesungen haben, dann waren wir froh. „Froh", nicht nach einem Sieg, sondern nach Errettung. Nicht der laute Ausruf „geil", „mega" oder „Hammer", sondern das stille Glück, ein bescheidenes, einfaches Glück, gepaart mit Dankbarkeit. Manchmal sag ich zu meiner Frau: „Bin ich froh, dass ich dich hab!" Längst haben wir beide Runzeln und sie auch noch ein paar Beschwerden. „Froh", die Sicherheit, angenommen zu sein von einem lieben Freund, einem Partner fürs Leben. Wenn nicht die Leistung zählt, sondern das ehrliche Bemühen, dann sind wir ja so froh. Wenn man uns kennt und mit unseren Schwächen akzeptiert, dann stimmt uns das froh. Instrumente stimmt man, damit sie im Zusammenspiel harmonisch klingen. Frohe Menschen findet man dort, wo das Zusammenleben harmonisch ist. Da werden die Schwachen getragen und man freut sich über das Glück und die Gaben der andern. Manche Gasthäuser tragen den Namen „Frohsinn". Ich bin froh, dass geduldige Lehrer und Lehrerinnen mir Lesen und Schreiben beigebracht haben. So kann ich jede Woche die Rubrik „Was mein Leben reicher macht" lesen und werde froh, weil es viele Menschen gibt, die fühlen wie ich. „Froh": ein königliches Gefühl, das so manchem König vorenthalten blieb.

Hans Graf, Zürich, Schweiz

Es war in meiner Kindheit, in den sechziger Jahren. Unser Nachbar hatte ein neues Auto gekauft. Welches Auto der Nachbar denn erworben habe, wollte mein Vater abends von der Mutter wissen. Sie antwortete: „Das kann ich dir nicht genau sagen. Irgend so einen kleinen **Fuckepüster**." Schon hatte mein Vater eine ungefähre Vorstellung von der Neuerwerbung. Ein „Fuckepüster" ist ein Fahrzeug, das nicht mit Schönheit oder Geschwindigkeit aufwarten kann, dafür aber umso mehr Lärm und Abgase produziert. Meine Mutter, inzwischen 85 Jahre alt, benutzt das Wort bis heute.
Annette Sangs, Düsseldorf

Wer geht denn noch **fürbass**? Dieses Wort ist schon lange von „eilen, hetzen, jagen, walken, biken, skaten" und Ähnlichem verdrängt. Wie wohltuend kann dagegen das langsame Gehen oder Schlendern auf einem Wege sein, wenn man sich Zeit zum Schauen und Nachdenken nimmt! In freier Natur oder vor allem am Strand – hier dann barfuß – empfinde ich jenes alte Wort als einen kleinen Schatz.
Karl-Josef Mewaldt, Buxheim (Schwaben)

Ist etwas **futschikato**, ist es nicht so profan kaputt, nicht so hart zerstört, nicht so endgültig beschädigt und nicht so technisch defekt. Ein kindliches Schulterzucken liegt in dem Wort über etwas, was nicht mehr ist und sich nicht ändern lässt. Ein bisschen Leichtigkeit im Augenblick des Verlustes. „Futschikato" tut gut!
Birte Surborg, Hamburg

G

Es gab nicht viel, was mein Vater nicht erklären konnte, wenn man ihn fragte. Und doch erzählte er mir zu meinem 18. Geburtstag wunderbarerweise, es gäbe ein Wort, welches ihn schon als Kind beschäftigte, dessen Bedeutung ihm aber stets schleierhaft geblieben sei:

Das Wort handelt von etwas, das klanglich an eine der Todsünden erinnert und gleichzeitig das Allerhöchste anrührt, ich glaube, er ist bis heute noch nicht überzeugt von der Eindeutigkeit der etymologischen Zuordnung, die sich ihm als altem Nebenbei-Lateiner verstandesmäßig natürlich leicht hätte erschließen können.

Wären wir nicht seit zwölf Jahren ohne Verbindung, würde ich vielleicht nicht immer wieder an diese schöne und tiefe und so lebendige Doppeldeutigkeit in unserem Verständnis dieses Wortes denken. Ich gestehe: Ich tue es genüsslich, weil sich in Sehnsucht manchmal gut leben lässt, vermeintlich leichter ... **Gebenedeit** ist das Wort, das ihn so beschäftigte. Ihn, der als zehnjähriges Flüchtlingskind aus Dresden mit seinen Eltern ins Südbadische kam. Ich stelle mir vor, wie der atheistisch erzogene Knabe in bergenden Wortwolken versank, „... und gebenedeit sei die Frucht Deines Leibes, Jesus ...“, staunend und offen für alle Wunder der Welt und des Kosmos.

Ich bin seine einzige (die verlorene?) Tochter. Bin Künstlerin geworden und beschäftige mich in Malerei und Installationen mit dem Erfülltwerden von Wünschen und anderen existenziellen Fragen, Manier: punkiges, schneidendes, opulentes Barock.

Würde mein Vater kommen und sich meine Werke ansehen: Ich fühlte mich beinahe gesegnet.

Kerstin Schaefer, Stuttgart

Meine Weihnachtsplätzchen habe ich die letzten Jahre recht aufwendig gebacken mit Füllungen, Verzierungen und so weiter. Dieses Jahr hatte ich nun keine große Lust und sagte meiner Tochter, dass ich nur einfachere Plätzchen gebacken hätte. Darauf meine Enkelin: „Aha, bei der Oma gibt es diesmal nur Plätzchen ohne **Gedöns**." Das fand ich so passend; es ist jetzt mein Lieblingswort.

Sigrid Thiele, Mannheim

Als Teenager war ich heftig verliebt in einen für mich unerreichbar scheinenden jungen Mann. Eine Freundin, die davon wusste, erzählte mir eines Tages, dass ebendieser Mann Interesse an mir zeigte und mich unbedingt treffen wollte. Ohne zu zögern, ging ich auf ihn zu und bekundete meine Freude. Er wusste von nichts! Wie peinlich! Meine Freundin sagte: „Jetzt bist du aber **gelackmeiert**", was so viel heißt wie „angeschmiert". Danach war sie nicht mehr meine Freundin.

Marita Schauf, St. Katharinen, Rheinland-Pfalz

Wir sehen schon von Weitem die Schafe auf der Weide. Mit meiner Mutter – ihre Demenz ist fortgeschritten – bin ich im Auto unterwegs zu altbekannten Orten. Der Bauer an der Schafweide begrüßt uns. Im Gespräch bemerkt er die Verwirrtheit meiner Mutter. Ohne ein weiteres Wort läuft er weg und kommt nach einigen Minuten mit einem neugeborenen Lamm zurück. Er legt es meiner Mutter in die Arme. Erinnerungen werden wach, das Be-Greifen wird sichtbar. **Gespür** für einen Menschen, der nicht mehr rational begreift, das hatte dieser Mann. Es bräuchte mehr Menschen, die Gespür haben für das, was ältere Menschen, was Kinder brauchen. Gespür, das ist mein Wort-Schatz.

Gertraud Hieke, Kösching

Neulich sagte eine Freundin über die Geburtsvorbereitungen eines gemeinsamen Bekannten: „Der hat wieder ein **Gewese** gemacht!" Ein Gewese? Im Internet fand ich folgende Erklärung: „Das umgangssprachliche, oft abwertend gebrauchte Wort bezeichnet ein auffallendes Verhalten oder Gebaren und bedeutet, einer Person oder Sache übertrieben große Bedeutung beizumessen." Sie hatte es getroffen!

Gerlinde Winzer, Rastede, Niedersachsen

Mein Wort-Schatz ist das kleine doppelsinnige Wörtchen **GEWOGEN**, aber eben nicht im Sinne von „gewogen und zu leicht befunden", sondern in dem sprachlich heute völlig ungebräuchlichen Sinne von „zugeneigt" oder „wohlgesinnt" sein. Und warum ist dieses vermeintlich ungewichtige Wörtchen ein Schatz? Das hat seinen Ursprung in meiner späten Kindheit, als ich begann, auch längere Geschichten und Sagen zu lesen, etwa über die Nibelungen und ihre einprägsamen wie unvergesslichen Könige und Ritter: Gunther, Gernot, Giselher, Rüdiger von Bechelaren – und, sie alle überragend, Jung-Siegfried. Noch heute, mit 73, vermag ich das herzzerreißende Gefühl in mir wachzurufen, das mir als kleinem Jungen die Tränen in die Augen trieb, wenn ich las, wie Siegfried sich zum durstlöschenden Trunk an der Quelle niederkniete und Hagen ihm den Speer in die einzige verletzliche Stelle im Rücken stieß. In mir brach damals eine Welt des Vertrauens in Ehrlichkeit, Anstand, ja das Gute im Menschen zusammen, als Siegfried sterbend seine letzten Worte sagte: „Wie habt Ihr mich betrogen, wenn freundlich Ihr getan, ich war Euch stets gewogen und sterbe nun daran."

Seitdem ist das Wort „gewogen" für mich zu einer Art Nibelungen(sprach)schatz geworden als Ausdruck für eine zwar eher altmodisch anmutende Sympathie-Empfindung, die aber gleichermaßen das Vertrauen enthielt, dass diese Gewogenheit auch auf entsprechende Wertschätzung durch den stößt, der dieses Gewogensein erfährt.

Heiner Kuse, Dietzenbach

Als Liebhaber seltener und seltsamer Trouvaillen möchte ich für diese Rubrik den **Glimpf** anbieten. Im heutigen Sprachgebrauch taucht nur noch das Verb „verunglimpfen" in der Bedeutung „verunstalten, besudeln, verleumden" auf. Dass in früheren Tagen aber auch einmal das Substantiv „Glimpf" kursierte, weiß nur noch das Lexikon. „Glimpf" bedeutete „Nachsicht, Rücksichtnahme, Fug, Billigkeit, Schicklichkeit im Verhalten" – lauter Dinge, denen das Odium des Altmodischen anhaftet und die deshalb selbst fast aus dem heutigen Sprachgebrauch verschwunden sind. „Glimpf" bedeutete auch „Zufall" oder „Schickung". Mich fasziniert dieses Wort wegen seines offenbar geräuschimitierenden Schalles und seines kuriosen Charakters sehr, und einmal habe ich es für den Offenen Kanal sogar zu einer Figur eines Hörspiels für Kinder gemacht: „Wer ist dieser Pimpf? Es ist der Glimpf!" Ein Glimpf ist selbstverständlich ein gutmütiger Kerl von zwergenhafter Statur mit knallroter Mütze, der die Dinge wieder ins Lot bringt.

Volker Zobel, Hamburg

Wird der gute, alte **Groschen** eigentlich ganz aus unserer Umgangssprache verschwinden oder nur noch als Groschenroman übrig bleiben? Ich fänd's schade. Jedenfalls freue ich mich, gelegentlich ein Zehncentstück als Groschen bezeichnet zu hören. Eine Münze ohne Zahlenwert.

Christoph Müller-Luckwald, Bingen

Wir haben uns ein eigenes kleines Backhaus gebaut, das wie früher mit Holz geheizt wird. An einem schönen Samstagmittag fuhren wir zu einem Backhausfest in das Örtchen Mainzlar. Dort kamen wir mit einer älteren, aber noch rüstigen Frau ins Gespräch. Irgendwann fragte meine Frau sie nach einem alten Rezept. Sie zögerte kurz und sagte dann: „Ich kann Ihnen das nicht aufschreiben, wir Alten machen das nach **Gutdünken**!" Ich fand das so gelungen ausgedrückt, dass ich diesen Wort-Schatz jetzt selbst schon öfter zum Besten gegeben habe.

Klaus Hohmann, Heuchelheim bei Gießen

H

Mein Lieblingswort ist **Habgier**. Aus ihm spricht so richtig die Gier nach der Habe des Nächsten. An mich reißen, wofür ich nicht arbeiten und mich nicht anstrengen muss. Vor lauter Habgier nicht beachten das christliche Gebot: Du sollst nicht begehren deines Nächsten Weib, Knecht, Magd, Vieh, Haus noch alles, was dein Nächster hat.

Ulrich Fest, Emden

Habseligkeiten: Aus jeder Lebensphase bleibt etwas. Oft sieht es auf den ersten Blick belanglos aus – ohne Wert. Beim späteren Betrachten aber erwachen Erinnerungen mannigfaltiger, als Fotos und Filme sie auslösen können. Ich habe ein Schränkchen, eigens um diese Habseligkeiten aufzubewahren. Und vor einiger Zeit löcherte mich meine 13-jährige Tochter Anna mit Fragen zu all diesen Dingen. Wir kamen zu Gesprächen, die wir so noch nie hatten.

Brigitte Steinhoff, Geuensee, Schweiz

In meiner Kindheit nannte man einen unverheirateten Mann **Hagestolz**. Ich kann mich an einen erinnern, der mein Lehrer in der Volksschule war. Er war alt (also vielleicht um die 50 Jahre!), alleinstehend und ärmlich gekleidet und strafte gerne mit Linealschlägen.

Als ich 20 Jahre später in der großen Kreisstadt bei einer Bank arbeitete, sah ich ihn wieder. Er hatte dort ein Aktiendepot, war aber immer noch mit dem ärmlichen grauen Mantel bekleidet.

Beim Nachschlagen findet man unter Hagestolz: „Ein älterer Junggeselle, ein Mann, der die Ehe verabscheut,

Sonderling". Auch wird das Wort „Geiz" erwähnt. Gibt es heute noch Hagestolze oder sind sie im weiten Feld der „Singles" untergetaucht?
Monika Schanz, Nagold, Schwarzwald

Hansdampf in allen Gassen ist die Bezeichnung eines vielseitigen Mannes, der es schafft, sich in mehreren Metiers kundig zu machen, und überall mitmischt. Er überwindet gesellschaftliche Grenzen, indem er sich dem jeweiligen Niveau problemlos anzupassen vermag. Schwer durchschaubar und meist überzeugend, wird er selten als Schwindler entlarvt.
Eva Schwarz, Berlin

Waren bei meiner Großmutter in einem Zimmer Fenster und Tür gleichzeitig geöffnet, rief sie: „Es zieht hier wie **Hechtsuppe**", und meinte den Luftzug, der sie frösteln ließ. Ich dachte dabei immer an eine gute Fischsuppe, die erst durchziehen muss, um lecker zu sein. Inzwischen vermute ich eher, dass der Ausdruck aus dem Jiddischen stammt. Da bedeutet „Hech Supha" nämlich „wie ein Sturmwind".
Klaus Grabowski, Marburg

Heidewitzka! Dieses Wort verbinde ich mit meinem Kronshagener Elternhaus. Mein Vater, heute 80 Jahre alt, fügte als Kapitän zur See gern hinzu: „Heidewitzka, Herr Kapitän!" Das bedeutete für uns vier Kinder stets, dass er etwas Angenehmes oder Unangenehmes entdeckt hatte und dies in einem laut vernehmbaren Selbstgespräch kundtat. Ich eignete mir diesen Ausruf des Erstaunens an und ertappe mich bis heute dabei, leise oder laut auszurufen: „Heidewitzka!" Eine sprachlich wohltuende Weise, andere an der eigenen Gefühlswelt teilhaben zu lassen.

Felix Evers, Ratzeburg

Um Bettlaken oder Kopfkissen glatt zu bekommen, braucht man eine Mutter und ein Bügeleisen. So habe ich das als Kind in den siebziger Jahren wahrgenommen. Deshalb hat mich das Schild **Heissmangel**, das an einer Tür im Nachbarort hing, nie auch nur im Entferntesten an Wäsche denken lassen. Für mich war völlig klar, dass es dort ein Haus gab, in dem heißer, also riesiger, Mangel herrschte oder behandelt wurde. Heißhunger bedeutet ja auch, dass man fast unbezwingbar großen Hunger hat. Was für ein Mangel das dort war, war mir unklar, aber eigentlich auch egal. Es war beruhigend zu wissen, dass man bei Heißmangel eine Anlaufstelle hatte. Schade, dass solche Anlaufstellen nicht wirklich existieren – und dass inzwischen auch das Wort immer seltener zu lesen ist!

Ina Bartenschlager, Kaiserslautern

Auf meine Frage, wo er denn die neuen Batterien hingelegt habe, antwortet mein Mann: „In die **Herrenkommode**, unterste Schublade." Was für ein *herrlich* altmodisches Wort! Kommode bedeutet laut Duden: kastenförmiges Möbelstück mit Schubladen. Aber was macht die Kommode männlich? Der Inhalt – schwarze Wollsocken und Seidenkrawatten? Da steht sie nun bei uns, geradezu weiblich zweckentfremdet, gefüllt mit Batterien und anderem Krimskrams. Die Zeit der Herren ist wohl doch vorbei.

Anne Stroux, Rhede, Nordrhein-Westfalen

Herzensbildung liegt ganz zuoberst in meiner Wortschatzkiste. Ein Wort wie ein Füllhorn der Fantasie. Bestehend aus zwei Begriffen, die in ihrer ursprünglichen Bedeutung den Körper ertüchtigen und den Geist bereichern. Doch erst zusammengesetzt machen sie den ganzen Menschen aus, zeigen uns ein Stück seiner Seele.

Ich bedaure sehr, dass der Begriff und seine anstiftende Wirkung immer mehr in Vergessenheit geraten. Denn was schließt dieser Wort-Schatz nicht alles ein: Mitgefühl, Güte, Anstand und Hilfsbereitschaft. Gelassenheit und Lebensweisheit. Auch Beherztheit und Selbstsicherheit, Verantwortungs- und Handlungsbereitschaft schwingen mit. Und vieles mehr. Wer denkt dabei nicht an die führende Hand der Großeltern, den prägenden Rat des Vaters, die weisende Liebe der Mutter? An Geschwister, Freunde, Lieblingslehrer.

Mag es auch pathetisch klingen: Jenseits von Pisa und G8 ist Herzensbildung der goldene Schlüssel zu einer besseren Welt – zumindest aber zu einem besseren Miteinander.

Heben wir den Schatz!

Christof Krüger, Ostfildern

Bei Fontane las ich vom **HERZPUPPERN**. Ein Begriff aus meiner Kindheit. Damals pupperte das Herz vor Prüfungen, heute höchstens noch, wenn der Steuerbescheid vom Finanzamt kommt. Dass meine Patienten den Begriff je benutzt hätten, daran kann ich mich nicht erinnern. Ihre Herzen jagten, stolperten, schlugen bis zum Hals, setzten aus, aber sie pupperten nicht. Bei den Sachsen übrigens bubbern die Herzen.

Klaus Scharfe, Dessau

Da ist er, mein Wort-Schatz: **HERZZERREISSEND**! Seit Jahrzehnten bin ich das, was man als Bücherwurm oder Leseratte bezeichnet, und immer wieder sind es die anrührenden Szenen, die ich körperlich empfinde – eben als herzzerreißend. Selten passiert es, dass ich bei einer späteren Gelegenheit über solche Stellen gleichgültig hinweglese. Meistens „reißen" die Wörter oder Sätze wie beim ersten Mal.

Monika Bahne, Sprockhövel, Nordrhein-Westfalen

Aus meiner Kindheit ist mir das Wort **HIENIEDEN** im Gedächtnis geblieben. Klar, auch ich spreche heute von „auf dieser Erde", aber wie nüchtern und kühl klingt diese moderne Ausdrucksweise. „Hienieden" jedoch lässt ein wenig von Schönheit, Poesie und Übernatürlichkeit empfinden, zumal in der Weihnachtszeit. „Heiligste Nacht, heiligste Nacht. Finsternis weichet, es strahlet hienieden lieblich und prächtig vom Himmel ein Licht." Der Text ist mir auch nach mehr als sechzig Jahren noch geläufig. Auch am kommenden Weihnachtsfest werde ich mich an damals erinnern und bedauern, dass das Lied im Katholischen Gesangbuch unserer Diözese (Augsburg) nicht mehr enthalten ist.
Karl-Josef Mewaldt, Buxheim, Schwaben

Zwei Jahre lang hatte ich in Madrid gelebt. Als ich 1955 nach Deutschland zurückkehrte, fand ich neue Begriffe und diese und jene Änderung der deutschen Sprache. Mir fiel ein ganz einfaches Wort auf, das mir vorher nicht geläufig gewesen war: **HINTERFRAGEN**. Hatte es an den tausend großdeutschen Jahren gelegen, in denen ich sozialisiert worden war und in denen Befehl und Gehorsam das Leben bestimmt hatten? Wie glücklich war ich, als ich dieses Wort auch in einem der Kernsätze des Aufklärers Kant fand: Man möge das Wesen der Sachen hinterfragen. Jeder Leserin, jedem Leser, mir selbst, allen möchte ich dieses Wort anempfehlen. Nicht mit einem Ausrufungszeichen, sondern mit einem freundlichen Einladungszeichen versehen – auch wenn es dieses Zeichen derzeit noch nicht gibt.
Helmut Willenbrock, Maulbronn

Hippkesmess *vgl.* Messerchen

Mein Wort-Schatz ist mir in einem Hörbuch von Siri Hustvedt begegnet, der Begriff lautet: **Hirnscherben**. In der Geschichte geht es um eine Frau, die von einem Schicksalsschlag aus der Bahn geworfen wird. Rückblickend beschreibt sie das Durcheinander in ihrem Kopf, die unsortierten Gedanken mit just diesem Begriff „Hirnscherben". Ein treffendes, ein in den Ohren klirrendes Wort, wie ich finde, für die bedrückende Empfindung, keinen klaren Gedanken fassen zu können.

Es steht jedoch auch für viele fragile Gedanken, Bilder und Worte, die es wieder zusammenzusetzen gilt. Vielleicht trauen wir uns sogar und fegen die Scherben einfach weg und machen den Weg frei für etwas Neues.

Corinna Andres, Neulussheim, Baden-Württemberg

Dieses wunderbar altmodische Wort begegnete mir in einer Schrift über das kürzlich eingeweihte Bürgerhaus zum Löwen in Markt Erlbach: **hochherzig**. Eine hochherzige Stiftung ist mehr als eine großzügige. Das Herz ist beteiligt, ein Herz, das über den Dingen steht. Im Deutschen Wörterbuch von Jacob und Wilhelm Grimm habe ich folgende Definition gefunden: „1. Hohen, stolzen Herzens, nach hoher Ehre trachtend, 2. Hohen, edlen Herzens."

Adelheid Payer-Pechan, Dachsbach, Mittelfranken

Zwölf Jahre lang radelte ich auf dem Weg zur Arbeit an einem Wiesengrundstück vorbei, an dessen Rand ein alter **Hollerbusch** stand. Ich freute mich in jedem Frühjahr über die Knospen und erntete hin und wieder einzelne Dolden, um mir daraus ein erfrischendes Blütenwasser zu bereiten. Vor ein paar Tagen musste ich bestürzt feststellen, dass Landschaftsplaner das Grundstück neu gestalten und mein lieber alter Hollerbusch moderneren Pflanzen Platz machen musste. Nun fehlt mir auf dem Weg etwas, stattdessen geht mir täglich der alte Kinderreim durch den Kopf: „Wir sitzen unterm Hollerbusch und machen alle husch, husch, husch."
Dietlinde Schmalfuß-Plicht, Erfurt

Das Schreckwort **huch!** ist mir besonders lieb. Wenn uns ein kleiner, unvermuteter Schrecken mit seinen Fledermausflügeln streift, entfährt uns leicht dieses theatralische „huch!" in gehobener Stimmlage. Aber wir wissen gleichzeitig: nichts Ernstes, gleich vorbei! Ein geniales Wort!
Gisela Barg-Bryant, Liederbach

Hümmelchen *vgl.* Messerchen

I

Altjüngferlich herzzerreissend Gespür Ingrimm hinterfragen Nu! Herrenkommode
Imponderabilien Gemse Holunderbusch jottwede Hümmelchen Kaffeeklatsch
Kraftbrühe Techtelmechtel zimperlich illuster Neifel Karacho Kochkiste blümerant
Zibebe? Triumphgemüse Wuchtbrumme wieseln Hagestolz Perpendikel Kabuff Trine Muse Knöpfchen traumverloren
Kanapee Wegzehrung ratzeputz Dämmerschoppen Habgier inniges Demut derben Feierabend Fenstermantel
Kofferheule wundervoll Schmaus hochherzig ewig schön Klapperatismus Liebkosung Hirnscherben übel
gelackmeiert wohlweislich Kittelwascher delicious Kleinod fabulieren Kalfaktor Armut Käpsele lässig Undacht
wahrhaftig Unbill Herzpuppern gewogen Arznei Kawuppdich Kinderfreund Liebweh Schnatzer
schlaftrunken zappenduster Schäkel Doktorvater Kleinspitzen Lauschewacker Zipphen Minna Groschen
Linde Tollpatsch Bauernglätte dosbaddelig dräuen Poofe Lurschwätzer Glimpf Gutdünken selbander Übergangsmantel
verplempern überzwerch Hechtsuppe umfrieden vermaledeite Violoncello zauberschön zutraulich
Zwischendreher Drauwedrigger Lohntüte daheim Zwiselwagen Wasserbankgardine Zampel beposchen
Augenmerk Zwiestopf Wohlwollen behende Wiesengrunde Zastopf Habseligkeiten belämmert Beutelschneider
Bredouille Chaiselongue Christkindl Hansdampf in allen Gassen Heidewitzka! Heissmangel Fersengeld
futschikato Freundin Flugs famos Dummbax ermattet Denkmut Duckdalben
Hügelchen Fahrkartenschalter einmummeln Erfrischungsraum Feldrain fürbass gebenedeit
Bauwerksertüchtigung Gedöns Ferngespräch Fackepaster

In einem Hotel fiel mein Blick auf den gerahmten Nachdruck eines alten Zeitschriften-Titelblattes von *Le Monde Illustré.* Dabei erinnerte ich mich an das wunderbare Adjektiv **ILLUSTER**, das meine 83-jährige Mutter gerne mit leicht ironischem Unterton verwendet: „Ich hatte heute illustre Gäste!" Aus meinem Sprachgebrauch ist es schon fast verschwunden. Schade eigentlich!

Werner Motyka, München

Ein kleiner Beitrag aus meiner rhetorischen Schatzkiste: **IMMENS**. Ich benutze dieses Wort, wenn ich einem Wert mehr Wichtigkeit geben will. So kann man etwa sagen: „Das Abitur war schon ein ganz schöner Zeit- und Energieaufwand." Aber „immenser Zeit- und Energieaufwand" wirkt doch gleich viel eindringlicher.

Es gibt keine „Immensität" oder „Immensitäter", aber wenn etwas „immens" wichtig ist, klingt das einfach besser als „sehr" wichtig oder „ungeheuer" wichtig. Ich liebe es, dieses Doppel „m" und dann das „w" von wichtig mit dem Füllfederhalter zu schreiben. Toll überdies, so ein kleines Wörtchen auch noch trennen zu können: „im-mens". Es ist so klein, aber gibt dem, den es unterstützt, den Kick zu unermesslichem Wert.

So, das wollte ich schon lange mal schreiben, habe aber als 52-jähriger Abiturient des Peter A. Silbermann-Abendgymnasiums hier in Berlin zwischendurch immens wenig Zeit gehabt …

Jochen Heine, Berlin

Mein besonderes Wort? Da fällt mir sofort **Imponderabilien** ein – die Unabwägbarkeiten im menschlichen Leben. Wenn etwas nicht klappt, wenn ich mir etwas vornehme und es mal wieder anders kommt, dann denke ich immer: Klar doch, da sind sie wieder, die Imponderabilien – ob ich will oder nicht. Es gibt sie. Mit den Jahren habe ich mich auch mit ihnen angefreundet.

Patricia Krautz, Stuttgart

Mir ist der Begriff **Ingrimm** ans Herz gewachsen. Der Duden versteht ihn als alte Form von „Grimm" und diese wiederum als ein mittlerweile ungebräuchliches Wort für Zorn. Wer grimmig schaut, erwirbt sich wenig Sympathien, wohingegen derjenige, der etwas mit Ingrimm tut, eine beachtliche mentale Transformation leistet: Er lässt den Grimm in sich wirken. Er bindet seinen heiligen Zorn an eine Aufgabe, die er nicht unbedingt gern tut, jedoch als notwendig und sinnvoll erachtet. Er schleudert seinen Zorn nicht aus sich heraus, sondern weiß ihn produktiv zu wenden: In weiser Voraussicht richtet er seine Energien auf das Zukünftige und nicht auf den momentanen Erfolg und er hält die Spannungen aus, die das mit sich bringt. Im Ingrimm steckt die Glut der Leidenschaft für eine Sache, die man zu der seinen gemacht hat. Ist das veraltet?

Silke Kirch, Frankfurt am Main

J

Als Kind in Berlin aufgewachsen, hörte ich von meiner Mutter und Großmutter häufig die Äußerung: „Die wohnt ja JOTTWEDE!" oder „Der is nach Jottwede jezogen." Dann wusste man, dass weitere Besuche nicht mehr infrage kamen, denn wer wollte schon lange, beschwerliche Anfahrten in Kauf nehmen, um Verwandte oder Bekannte irgendwo im Umland zu besuchen? Das Wort klang für mich aber auch etwas feierlich und exotisch: vorn „Jott" – berlinisch für „Gott" – und am Ende das „e" betont, also mit einem Hauch von feinem Französisch. Viel später habe ich erfahren, dass „jwd" die Abkürzung des Berliner Ausdrucks „janz weit draußen" ist.

Christiane Andersen, Göteborg, Schweden

K

Altjüngferlich herzzerreissend Gespür Behaglichkeit Ingrimm hinterfragen Nu! Herrenkommode
Imponderabilien Gewese Hollerbusch hienieden Hippkiesmess jottwede Hümmelchen Kaffeeklatsch
Kraftbrühe Tüchtelmechtel zimperlich Illuster Herzensbildung Neifel Karacho Kochkiste blümerant
Zubrot Triumphgemüse wieseln Botanisiertrommel Wachtbrunne Hagestolz Perpendikel Kabuff Trine Musse Kneipchen
Kanapee Wegzehrung ratzeputz Dämmerschoppen Habgier immens Demut labe darben Feierabend traumverloren
Kofferheule wundervoll Schmaus hochherzig ewig schön Klapperatismus Liebkosung Hirnscherben Fenstermantel
gelackmeiert wohlweislich Kittelwascher deliziös Kleinod fabulieren Kalfaktor Anmut übel
wahrhaftig Unbill Herzpuppern gewogen Arznei Kawuppdich Kinderfreund Käpsele lässig Unducht
schlaftrunken zappenduster Schäkel Doktorvater Kleinspitzen Läusknacker Zippchen Leibweh Schnitzer
Linde
Tollpatsch Bauernglätte dosbaddelig drämen Poofe Lurschwätzer Glimpf Gutdünken selbander Minna Groschen
verplempern überzwerch Hichtuppe unfrieden vermaledeite Violoncello zauberschön Übergangsmantel
Zwischendreher Drauwedrigger Lokalität daheim Zuckerlwagen Wasserbanksgardine Zampel zutraulich
Augenmerk Zwiatupf Wohlwollen behende Wiesengrunde Zustupf Habseligkeiten belämmert bepooschen
Bredouille Chaiselongue Christkindl Hansdampf in allen Gassen Hudewitzka! Hussmangel Beutelschneider
futschikato Fremdin flugs famos Dumbax ermattet Denkmut Duckdalben Fersengeld
Anmut Hägschen Fahrkartenschalter Erfrischungsraum Feldrain fürbass gebraucht
Bauwerksertüchtigung Gespür Gedöns Ferngespräch Fuckepäster Unbill gewogen Kawuppdich

Altjüngferlich herzzerreissend Arznei Behaglichkeit Ingrimm hinterfragen Nu! Herrenkommode
Imponderabilien Gewese Hollerbusch hienieden Hippkiesmess jottwede Hümmelchen Kaffeeklatsch
Kraftbrühe Tüchtelmechtel zimperlich Illuster Herzensbildung Neifel Karacho Kochkiste blümerant
Zubrot Triumphgemüse wieseln huch! Botanisiertrommel Wachtbrunne Hagestolz Perpendikel Kabuff Trine Musse Kneipchen
fürbass Kanapee Wegzehrung ratzeputz Dämmerschoppen Habgier immens Demut labe darben Feierabend traumverloren
Kofferheule wundervoll Schmaus hochherzig ewig schön Klapperatismus Liebkosung Hirnscherben Fenstermantel
gelackmeiert wohlweislich Kittelwascher deliziös Kleinod fabulieren Kalfaktor Linde Käpsele lässig Unducht übel
Minna wahrhaftig daheim Herzpuppern drämen ermattet Schäkel Schnitzer

Altjüngferlich herzzerreissend Gespür Behaglichkeit Ingrimm hinterfragen Nu! Herrenkommode
Imponderabilien Gewese Hollerbusch hienieden Hippkiesmess jottwede Hümmelchen Kaffeeklatsch
Kraftbrühe Tüchtelmechtel zimperlich Illuster Herzensbildung Neifel Karacho Kochkiste blümerant
Zubrot Triumphgemüse wieseln huch! Botanisiertrommel Wachtbrunne Hagestolz Perpendikel Kabuff Trine Musse Kneipchen
Gedöns Kanapee Wegzehrung ratzeputz Dämmerschoppen Habgier immens Demut labe darben Feierabend traumverloren
Kofferheule wundervoll Schmaus hochherzig ewig schön Klapperatismus Liebkosung Hirnscherben Fenstermantel
gelackmeiert wohlweislich Kittelwascher deliziös Kleinod fabulieren Kalfaktor Anmut übel
wahrhaftig Unbill Herzpuppern gewogen Arznei Kawuppdich Kinderfreund Käpsele lässig Unducht
schlaftrunken zappenduster Schäkel Doktorvater Kleinspitzen Läusknacker Zippchen Leibweh Schnitzer
Linde
Tollpatsch Bauernglätte dosbaddelig drämen Poofe Lurschwätzer Glimpf Gutdünken selbander Minna Groschen

Planungsbesprechung. Bauherr mit Lebensmittelpunkt Rheinland: „Dann brauche Haus noch eine **Kabuff**. Du wissen Kabuff?" Ich: „Ja, Abstellraum". Er: „Woher du wissen?" Ich: „Komme aus Köln." Er: „Ach wat!" Heimatliche Klänge aus dem Munde eines Süditalieners! Das erste Mal hörte ich diesen Begriff in den sechziger Jahren, als ich als kleiner Junge mit meinem Vater freitags zum Austeilen der Lohntüten die Baustellen abfuhr. Selbst im Studium war dies ein allseits bekannter Begriff. So war meine Verwunderung nicht gering, als in meiner Wahlheimat Bayern dieser Raum als „Speis" bezeichnet wurde – was damals auf den Baustellen auch der Maurermörtel war.

Herbert Breuer, Moosinning, Oberbayern

Meinungsaustausch – gibt's was Langweiligeres als das? Wie schön ist da doch so ein **Kaffeeklatsch**! Kaffeeklatsch geht nur mit Freundinnen. Tratsch ist Pflicht, Kuchen auch, Kaffee aber kann durch ein Glas Sekt ersetzt werden.

Carola Haug, Heilbronn

„**Kalfaktor** gesucht" lautete eine Stellenanzeige in unserer Lokalzeitung. Wie lange habe ich diesen Ausdruck nicht mehr gehört? Und was bedeutet er eigentlich? Der Duden erklärt, dass es sich um einen Dienstleister für einfache Arbeiten handelt, in der Vergangenheit eher mit einem negativen Beiklang behaftet. Was mag sich der Inserent dabei gedacht haben? Hat er sich gescheut, die Tätigkeiten klar zu benennen? Auf alle Fälle hat seine Annonce zum Blättern im Duden angeregt.

Elisabeth Peper, Cuxhaven

In der frühen Kindheit war mein absoluter Lieblingsplatz das **Kanapee** in der Wohnküche meines Elternhauses. Während meine Mutter nach dem Essen den Abwasch (von Hand) erledigte, hielt ich bei den vertrauten Geräuschen meinen Mittagsschlaf auf dem gemütlichen, mit grünem Rips bezogenen Möbelstück. Wir Geschwister machten uns die begehrten Plätze auf dem Kanapee streitig. Dass Küchen heute meist zu klein sind für Kanapees, finde ich schade. Aber ich gebe gern zu: Moderne, lautlos arbeitende Geschirrspülautomaten und Babyphones, mit denen man den Schlaf der Kleinen überwachen kann, sind sehr bequem.

Renate Steinhorst, Bamberg

Ein besonderes schwäbisches Wortschätzchen ist **Käpsele**, was man mit „Siebengescheiter" übersetzen kann. Aber erklären Sie das mal auf Englisch einem einheimischen Kilimandscharoführer, den ein anderer Wanderer so betitelt hatte!

Georg Glöggler, Fronreute, Baden-Württemberg

Bei einem unserer Spaziergänge kamen uns auf einem leicht abfallenden Waldweg drei Jugendliche auf Fahrrädern entgegen. Johlend, ausgelassen und mit **Karacho** sausten sie zwischen den Bäumen durch. Karacho, das war damals in den Fünfzigern auch unser Lieblingswort. Alles, was wir anstellten, ob halsbrecherische Schlittenabfahrten, Schussfahrten im Fahrradpulk oder die Mutsprünge von der Felsenklippe in den kühlenden Edersee – alles musste mit Schwung und Tempo geschehen. Lädierte Knie, eine blutende Nase oder ein gebrochenes Schlüsselbein, nichts konnte uns stoppen … Hauptsache, Karacho.

Henning H. Drescher, Bad Arolsen, Hessen

Wenn jemand keinen „Biss" hatte, keine „Energie", keinen „Schwung" oder kein „Temperament", sagte meine vom Niederrhein gebürtige Großmutter nur: „Der hat kein **Kawuppdich**." Das hörte sich schön an und außerdem war alles an Aussage drin: Man sah den Gemeinten, völlig schlaff, saft- und kraftlos, förmlich im Sessel versinken.

Wolfgang Pauls, Solingen

Erst mit Anfang zwanzig, in meiner ersten WG-Küche, wurde mir klar, dass das Wort **Kinderfeind** nicht die offizielle Bezeichnung für einen Gummischaber ist. Und das kam so: Wie alle Kinder hat sich mein älterer Bruder immer auf die Teigreste in der Backschüssel gefreut. Als aber meine Mutter einmal sehr gründlich mit besagtem Gummischaber zu Werke ging, rief er aus: „Das ist ja ein richtiger Kinderfeind!" Von da an gab es in unserer Familie nur noch dieses Wort. Vom „Gummischaber" sprach keiner mehr. Mittlerweile habe ich eine eigene Familie – und natürlich einen „Kinderfeind" in der Schublade.

Monika Zeiler, Nürtingen

Neulich wurde ich von einem richtigen **Kittelwascher** überrascht – und hatte einen Beitrag für die ZEIT! „Kittelwascher" sagt man in Nürnberg (oder eigentlich eher „Giddelwascher"), wenn man in einen Regenschauer gerät, der ganz plötzlich kommt und einen bis auf die Haut durchnässt. Meiner dauerte keine fünf Minuten, doch ich zog bis in den zweiten Stock eine Wasserspur hinter mir her.

Melanie Julia Maußner, Nürnberg

Mein Vater sprach von einem „**Klapperatismus**", wenn ein Gegenstand billig hergestellt war und nicht funktionierte. Ich war mir nie sicher, ob er dieses Wort selbst erfunden hatte oder ob es wie er aus Donauschwaben stammte. Sein erster, bodenständiger Teil erinnert an klappern, die Endung -ismus aber hat dann doch einen wissenschaftlichen Anklang. Das hat mir immer an dem Wort gefallen. Eines Morgens hatte ich die Idee, es zu googeln, und siehe da, es ist im Österreichischen bekannt. Unter www.ostarrichi.org fand ich: „Klapperatismus – schlechte oder (zu) filigrane od. unübersichtliche Mechanik".

Elisabeth Hamel, Ebersberg

Mein Lieblingswort, das meines Wissens bisher durch kein neues ersetzt wurde: **Kleinod**. Es bedeutet für mich etwas Schützenswertes, etwas, das einem besonders am Herzen liegt. Ich benutze das Wort daher selten. Aber wenn, ist es mir wichtig.

Lydia Diermann, Aurich

Kleinspitzen *vgl.* Messerchen

Kneipchen *vgl.* Messerchen

Vor Kurzem bin ich auf das Wort **Kochkiste** gestoßen. Das erinnerte mich an meine Kindheit in der DDR und an die Zeit, in der Brennmaterial knapp war. Unsere Kochkiste war allerdings ein Bett, in das unser Essen zum Warmhalten oder Nachgaren gestellt wurde. Meine Mutter wickelte den Topf in eine Wolldecke und deckte ihn dann mit dem Oberbett zu. So blieb das Essen warm, bis wir aus der Schule kamen.
Katja Neuendorf, Habichtswald, Hessen

Ich erinnerte mich kürzlich daran, wie wir uns Anfang der siebziger Jahre mit dem Kofferradio auf dem Arm an der Straßenecke trafen und Popmusik von Radio Luxemburg hörten – kurzwellen- und vielleicht auch störsenderbedingt meist in einer lausigen Qualität. Wir mussten zudem aufpassen, dass kein Vopo (DDR-Volkspolizist) vorbeikam und uns die **Kofferheule** wegnahm, weil wir einen verbotenen Sender hörten. Aber es war „Westmusik“, die Musik, die wir hören wollten!
Michael Silo, Meiningen, Thüringen

Krabbenschächter *vgl.* Messerchen

Neulich beim Italiener meines Vertrauens: Eine alte Dame betritt mit kleinen Schritten, abgestützt auf einen Rollator, sichtlich erschöpft das Restaurant. Sie steuert den ersten erreichbaren Tisch an und lässt sich, noch mit Mantel und Kopftuch bekleidet, auf den Stuhl sacken. Der Kellner bringt ihr sofort die Speisekarte und fragt, ob er schon vorweg etwas bringen könne. „Erst einmal eine **Kraftbrühe**", sagt die alte Dame. Wie sehr doch dieses Wort in einer solchen Situation Sinn hat! Die völlig entkräftete Seniorin erhofft sich Kräftigung durch die Suppe. Ob der Name Kraftbrühe tatsächlich etwas mit Kräftigung zu tun hat? Oder bezeichnet dieses Wort einfach eine kräftige Brühe? Wie auch immer: Die alte Dame löffelte sichtlich zufrieden die ihr servierte Brühe. Dadurch kam sie wieder zu Kräften, was man ihren sich immer mehr entspannenden Gesichtszügen deutlich anmerken konnte.

Helmut Schroeter, Baelen, Belgien

Beim Eisenwarenhändler erlauscht: Zum Einziehen oder Entfernen einer Schraube, die zwei gekreuzte Schlitze hat, benötigt man einen **Kreuzschlitzschraubendreher**. Ein wunderbares Wort, das die Fähigkeit der deutschen Sprache zeigt, mit einem einzigen Begriff komplexe Zusammenhänge zu beschreiben, für die man in anderen Sprachen ganze Sätze benötigen würde! Und ganz nebenbei auch noch ein phonetischer Genuss, dessen Vielfalt an Zischlauten jeden Sprachschüler in die Verzweiflung treiben kann!

Holger App, Frankfurt am Main

Meine Lieblingstätigkeit in dieser Jahreszeit jenseits von Golfplatz und Blumengarten ist **KRUSCHEN**! Diese Tätigkeit besteht aus Nachschauen, Aufräumen und darin, Dinge von der einen Seite auf die andere Seite zu legen. Zum „Kruschen" braucht man Zeit und Muße – wie zu einer Meditation!

Schon als Kind habe ich gerne gekruscht auf dem Dachboden und im Keller, sehr zum Missfallen meiner Mutter, die mit acht Kindern für sinnlose Tätigkeiten wie das Kruschen keine Zeit hatte.

Erst viel später, als sie über achtzig war, hab ich sie mal gefragt: „Was hast du heute denn alles gemacht?" Antwort: „Ich hab nur ein wenig rumgekruscht!"

Sie sehen, es ist nie zu spät für sinnlose und doch erfüllende Dinge.

Rosa Laube, Neumarkt

Jedes kleinste Durcheinander ist heute gleich ein „Chaos" oder gar ein „absolutes Chaos". Wie viel schöner ist da doch das Wort **KUDDELMUDDEL** für die kleinen Wirrnisse des Alltags! Es klingt nach einer leichter behebbaren, harmloseren und kleinräumigeren Unordnung als das bedrohliche „Chaos". Das Wort „Chaos" hat nur einen Vorteil: Es lässt sich ohne Probleme zum Adjektiv machen („chaotisch"). Selten hat man noch von „kuddelmuddeligen Zuständen" gehört.

Yvonne Treis, Paris

Es gibt ein Wort in der deutschen Sprache, das jedem Autofahrer geläufig sein sollte, spätestens wenn er beim Ein- oder Ausparken auf ein anderes Fahrzeug auffährt: **Kunststoffstoßstange**! Richtig flüssig geht das nicht von der Zunge und ein Ausländer – besonders aus dem spanischen oder englischen Sprachraum – wird bei der Aussprache auf große Schwierigkeiten stoßen. Vielleicht sollte man daraus ein Silbenkurzwort formen, etwa „Kustostosta" oder noch kürzer „Kusta" – wie „Azubi" für „Auszubildender".

Gerhard Bauer, München

L

Alles „cool"? Der wohl mächtigste aller Anglizismen hat ein viel zu selten verwendetes deutsches Pendant: **Lässig**! Lässig, das heißt zulassen, leben lassen und einfach mal liegen lassen – Optimismus in Reinform eben. So mancher beneidet den Gelassenen, für andere wiederum ist das Lassen einfach nicht zu fassen. Tief im Innern aber wissen wir alle, dass Lässigkeit der erste Schritt zum Glück ist. Also: Lassen wir heute eine lästige Pflicht einfach mal sein! Lässt sich besser leben so.

Moritz Göde, Frankfurt am Main

Kürzlich fiel mir beim Gang durch das Städtchen Altenahr ein leider demolierter Strumpfautomat an einer Hauswand auf. Gleich kam die Erinnerung an die „Damenstrumpf-Revolution" Anfang der sechziger Jahre hoch. Vorher waren „Nylons" so teuer, dass kaputte Strümpfe sofort zu einer **Laufmaschenreparaturannahmestelle** gebracht wurden. *Tempi passati!*

Rolf Reinert, Bornheim, Nordrhein-Westfalen

Meine Oma benutzte oft den Begriff **Läusknäcker** für Menschen, die bei gewissen Dingen Haarspalterei bis zum Exzess betrieben. Das kann man einer Person an den Kopf werfen, ohne sie zu verletzen. Daher ist dieser Begriff ein fester Bestandteil in meinem Wortschatz geworden. Außerdem sorgt er meistens für Erheiterung.

Gabriele Meinberger, Hausen, Unterfranken

Lebe ist ein uraltes Abschiedswort in unserem sonst so derben Dialekt. Jedes Mal, wenn ich die alte, pflegebedürftige Cousine meines Vaters im Altenheim besuche, höre ich zum Abschied: „Lebe". Das tut so gut.

Heike Riedmann-Hofer, Lustenau, Österreich

Jeder kennt sie: Politiker, die uns salbungsvoll Dinge erklären, die sie selbst nicht verstehen, sogenannte Experten, die höchst wissenschaftlich verpackt Banalitäten verbreiten, oder Kollegen, die meinen, zu jedem Thema den ultimativen Beitrag leisten zu können. Ich habe schon viele Bezeichnungen für diese Spezies gehört und gelesen. Heute ist mir in einer Diskussion zu diesem Thema ein Wort rausgerutscht, das im Duden wohl nicht vorkommt. Ich sagte: „Ich kann diese **Leerschwätzer** nicht mehr hören." Und je mehr ich dann darüber nachdenke, umso besser gefällt es mir. Es trifft die Sache zumindest besser als „Schwätzer" (zu allgemein) oder „Dummschwätzer" (dumm sind diese Leute ja meist gar nicht). Vielleicht können Sie die Begeisterung für die Neuschöpfung ja teilen.

Norbert Sachs-Paulus, Gießen

Mein Vater, 102 Jahre alt, hat keine Magenschmerzen. Nein, er hat **Leibweh**. Ich glaube, wenn er nicht mehr bei mir ist, wird kein Mensch mehr Leibweh haben. Schade!

Ute Munz-Alexi, Mannheim

Leichenbittermiene – das Wort erinnert mich an meine Kindheit in den sechziger Jahren in einem kleinen ostwestfälischen Ort. Ich weiß noch genau, dass immer dann, wenn jemand gestorben war, der Leichenbitter von Haus zu Haus ging, alle von dem Tod in der Nachbarschaft informierte und sie zur Beisetzung und dem anschließenden Leichenschmaus bat.

Das Phänomenale an unserem Leichenbitter war, dass er auch im Alltag traurig und bedrückt wirkte und man ihn nie ohne Leichenbittermiene sah.

Brigitte Kronsbein-Remy, Hennef

Leichtsinn – welch ein Funkeln, welche Verlockung! Hat Leichtsinn mit „leicht sein" zu tun oder damit, dass Leichtigkeit Sinn macht? Auf der Suche nach den Wurzeln entdecke ich, dass es zu weniger kopflastigen Zeiten die „Leichtsinnigkeit" gab, womit man eine leichte und unbekümmerte Lebensweise bezeichnete. Erst mit der Aufklärung kam der moralische Zeigefinger und warnte vor einem Leichtsinn als Unüberlegtheit. Vielleicht brauchen wir den Leichtsinn in allen Bedeutungen: ein geringeres Gewicht in scheinbar wichtigen Dingen, Experimentierfreudigkeit, Neugier und Spontaneität!

Beate Dietz, Hardheim im Odenwald

Ein Wort, das ich schon seit Ewigkeiten nicht mehr gehört oder gelesen habe, heißt: **Liebkosung**. Obwohl das, was es meint, natürlich nicht ausgestorben ist und man es heute genauso macht wie ehedem. Vom Taktilen her mehr als ein Streicheln, aber weniger als Knuddeln, steckt in dem Begriff schon das Gefühl, das die Ausführenden füreinander haben. Es ist also ein treffendes Wort. Weshalb benutzt man es dann nicht mehr? Vielleicht liegt das daran, dass es sich so brav und anständig anhört, so gar nicht zielgerichtet, und vielleicht hat gerade diese träumerische Ziellosigkeit dieses Wort unmodern gemacht. Außerdem ist liebkosen ziemlich zeitaufwendig.

Charlotte Bensch, Weimar

Schon in meiner Schulzeit (wie schön ist solch eine Alliteration!) haben meine Lehrer die Liebe zur deutschen Sprache in mir geweckt. Da ging es um das, was bestimmte Konsonanten in uns auslösten, das kalte K, das gemütliche M, das zerreißende stimmlose S, ebenso das stimmhafte S, das knarrende R, das strömende W (Wind, Welle, Wasser, Woge, Wut). Wir haben Worte gesucht, die mit diesen – und natürlich auch anderen – Konsonanten begannen. Das war schon in meiner Volksschulzeit und diese Lehrer waren in Lehrerbildungsanstalten ausgebildet worden, nicht etwa in Universitäten.

Das Wort **Linde** lebt heute fast nur noch in der Bezeichnung eines Laubbaumes. Wer mahnt schon, wenn ein Streitgespräch sich anbahnt: „Gelinde!" Martin Luther noch hat in der Bibel übersetzt: „Eure Lindigkeit lasset kund sein." Fast lebenslang aber liebe ich das Wort „lind" und lasse mir Alliterationen wie in dem Gedicht von Friedrich Rückert lustvoll auf der Zunge zergehen:

Ich atmet' einen linden Duft!
Im Zimmer stand
Ein Zweig der Linde,
Ein Angebinde
Von lieber Hand.
Wie lieblich war der Lindenduft!
Wie lieblich ist der Lindenduft!
Das Lindenreis
Brachst du gelinde!
Ich atme leis
Im Duft der Linde
Der Liebe linden Duft.

Claus Ocker, Bremen

Mein Wort-Schatz lautet **Lohntüte**. Das Gefühl, wenn der Vorarbeiter auf der Flender-Werft am Sonnabend in unsere Frühstückspause kam und die Löhne verteilte, werde ich nie vergessen. Voller Spannung rissen wir die in schäbigem Braungelb gehaltenen Tüten auf, fischten den Lohnstreifen raus, auf dem die Stunden eingetragen waren (mit Bleistift, oft mit Korrekturen). Der erste Blick galt dem Endbetrag. Und dann: Stimmen die Stunden? Mussten wir am Dienstag wegen des Stapellaufs nicht Überstunden machen? Danach schüttete man die Tüte aus: den Lohn in Scheinen und Münzen. Was ist dagegen schon ein Bankbeleg!

Bernd Januschke, Ratzeburg

Ich bin 1957 geboren und mit dem Gefühl aufgewachsen, dass es eine Schande sei, deutsch zu sein. So habe ich mich stets als Individuum und nicht als Teil einer Nation begriffen. Seit fünfzehn Jahren arbeite ich häufig in den USA und obwohl ich gern und gut Englisch spreche, ist mir erst während dieser Reisen klar geworden, was an mir typisch deutsch ist. Das fängt schon mit meinem Namen an: das dunkle U, das rollende R und das harte K, gefolgt von einem stummen E, das sind gleich mehrere unüberwindliche Hindernisse für englischsprachige Menschen. So habe ich mich ausgesöhnt mit meinem Pass und die deutsche Sprache lieben gelernt, mit all ihrer Umständlichkeit, aber auch Genauigkeit.

Wie fast jeder Geschäftsreisende, der viel Zeit in Flugzeugen verbringt, will auch ich zum Schluss nur noch nach Hause. Und wenn ich nun aus dem Land komme, wo selbst der schönste Liebesbrief als *love letter* in zwei Teile geteilt wird, in Düsseldorf lande und im Eingang mein Blick auf das herrliche Wort **LÖSCHWASSEREINSPEISESTELLE** fällt, dann weiß ich: Ich bin zu Hause und hier gehöre ich hin!

Ulrike Voelcker, Bochum

Die Wörter „Kausche" und „Schäkel", verblüfften Ihren Leser, dabei sind sie jedem Segler zur Hand, wenn eine Trosse zu belegen ist. Frivoler mutet da schon der **Lümmelbolzen** an. Dieses Wort lernte ich 1955 als Maschinenbau-Praktikant auf einer Schiffswerft kennen. Die Leute auf der Werft sind ja bekanntermaßen nicht zimperlich, verbarg sich hinter dem Wort also eine erotische Anspielung? Nein, der Lümmelbolzen gehört(e) zum Ladegeschirr jedes Stückgutfrachters. Am zugehörigen Mast abgestützt, gestattet(e) er dem Ladebaum die Hub- und Schwenkbewegung. Das Präteritum (siehe Klammer) ist übrigens dem Container-Zeitalter geschuldet: Moderne Frachter benötigen keine Ladebäume mehr.

Joachim Conseur, Berlin

Lustbarkeiten – ein Wort, das bestenfalls noch ironisch gebraucht wird. Dabei klingt es so wunderbar und macht schon als bloße Bezeichnung Spaß! Ein bisschen frivol, ein wenig unschuldig, duftet es nach einem Parkspaziergang im Sommer, klingt nach Lachen und Tanz ... In der Betheler Studentenschaft gab es in den 1970er Jahren den „Lustbarkeitsminister", der für die Organisation des jährlichen Theologenballs zuständig war. Eine Lustbarkeit kann alles mögliche Schöne sein – wenn es nur in Gesellschaft stattfindet.

Andrea Kretschmer, Petershagen

Mehrmals in der Woche gehe ich durch den wunderschönen Schwetzinger Schlossgarten. Jedes Mal nehme ich mir vor, stramm zu gehen, weil das gesund wäre und auch der Figur zuträglich. Aber jedes Mal verlangsamt sich mein Tempo nach höchstens 500 Metern. Ich schaue: Jeder Blick schön wie ein Gemälde. Ich lausche: Was war das für ein Vogel? Und ich **LUSTWANDLE**, wie es sich in einem so schönen kurfürstlichen Garten gehört. Ich verschränke die Hände auf dem Rücken, ich schnuppere die gute Luft … Das alles ist zwar nicht so gut für die Figur, aber für die Sinne und die Seele.

Claudia Lohmann, Schwetzingen

M

Im Dreiländereck Deutschland/Schweiz/Frankreich nannten wir einen Bub, der sich mit Mädchen abgab oder – schlimmer noch – mit einem ging, einen MAIDLISCHMECKER. Für „echte" Jungs ein vernichtendes Urteil. Da ich seit Jahrzehnten in Norddeutschland lebe, fragte ich meine ehemaligen Klassenkameraden beim 75. Jahrgangstreffen, ob es den Begriff noch gibt. Alle kannten ihn, meinten jedoch, er werde nicht mehr verwendet. In der heutigen Koedukation sei dieses alemannische Wort verloren gegangen. Ich frage mich: Ist das schade?

Werner Schmidt, Ostseebad Heikendorf

1970 kam ich zum Studium nach Kiel und suchte ein Zimmer. Die Vermieterin, eine alte Witwe, begutachtete mich von oben bis unten und fragte mit den Worten „Sie sind noch nicht MAJORENN!" nach meinen Eltern. Ich erhielt das Zimmer, packte meine Bücher aus und schaute erst einmal in den Fremdwörter-Duden: „Majorenn" war ein (damals schon) veralteter Begriff für „volljährig, mündig". Tatsächlich war ich trotz meiner 20 im Sinne des Gesetzes noch nicht erwachsen: Erst 1975 wurde die Grenze zur Volljährigkeit auf 18 abgesenkt.

Rainer Maché, Ludwigshafen am Rhein

Ist **Meerbusen** nicht eine wunderbar poetische Beschreibung für eine Meeresbucht? „Finnischer Meerbusen"! Nur ist einigen Menschen die Bedeutung nicht klar, weil sie die Brust meinen, aber schamhaft vom Busen sprechen. Andere Wörter für Meerbusen sind Golf oder Bucht. Die Deutsche Bucht als Deutschen Golf oder den Golf von Mexiko als Mexikanischen Meerbusen zu bezeichnen klingt unvertraut. Lassen wir also die Bezeichnungen ruhig so, wie sie sind. Etwas mehr Meerbusen aber wäre schön.

Günther Vogt, Braunschweig

Meestje *vgl.* Messerchen

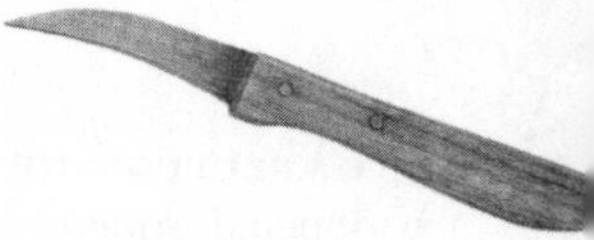

Messerchen

Mit dem „Hümmelchen" fing alles an: Leserin Lisa Hopfgarten schickte uns für die Leserseite der ZEIT den Begriff, den ihre Eltern im Ruhrgebiet fürs kleine Küchenmesser benutzten, und merkte an, dass sie in Hessen dafür den Ausdruck „Kneipchen" gehört habe. Wir druckten den Beitrag umgehend in unserer Wortschatz-Rubrik. Schon aus artenschützerischen Gründen sei Eile geboten, dachten wir, da wir Kosenamen für Küchengeräte für ein Relikt aus der Nur-Hausfrauen-Zeit hielten und damit für eine akut vom Aussterben bedrohte Art.

Weit gefehlt! In den folgenden Wochen erreichten die Redaktion über hundert Zuschriften mit regionalen Messerbegriffen – per Postkarte, Mail und via ZEIT-ONLINE-Community. Wir bestritten sieben Folgen der Wortschatz-Rubrik allein damit und mehrmals mussten wir der Spalte dabei Seitenlänge einräumen. Die regionale Vielfalt der Begriffe brachte schließlich unsere Kollegen vom ZEITmagazin auf die Idee, eine ihrer Deutschlandkarten damit zu bestücken.

Auf den nächsten Seiten finden Sie nun die Karte und die schönsten Geschichten rund um das Messer.

Merke: Die deutsche Regionalküche mitsamt ihrer Hingabe zum Haushaltsgerät ist einfach nicht totzukriegen!

Jutta Hoffritz

Der Begriff **Flügschen** (gesprochen: Flügs-chen), der mir in meiner Jugend im Bergischen Land sehr geläufig war, galt dem kleinen Messer, mit dem die Mutter Kartoffeln schälte oder Gemüse putzte. Als Junge allerdings wusste man damit manch andere Dinge schnell, geschwind, rasch – eben flugs – zu erledigen.

Karl-Josef Mewaldt, Buxheim, Bayern

Für das Küchenmesser gibt es viele Begriffe, so auch den Ausdruck **Hippkessmess**, den meine „Omma" vom rechten unteren Niederrhein für das Messer benutzte, dessen dunkel angelaufene Klinge immer die Zwiebeln färbte.

Annette Feldmann, Kempen

Meine Familie stammt aus dem Ruhrgebiet. Deswegen nenne ich ein kleines Allzweck-Küchenmesser **Hümmelchen**, wie es auch meine Eltern tun. Ich benutze dieses Wort gerne, weil es für mich in der Küche ein Stück Heimat bedeutet. Bei Freunden sorgt der Begriff aber immer wieder für verständnislose Blicke, weil man zu einem solchen Messer hier in Hessen nämlich **Kneipchen** sagt.

Lisa Hopfgarten, Mühlheim, Hessen

Welch regionale Vielfalt, welchen Ideenreichtum zeigen die vielen Ausdrücke für ein einfaches Gemüsemesser! Man kommt aus dem Staunen nicht heraus. Zufällig bin ich beim Lesen des Romans *Kruso* von Lutz Seiler auf eine weitere Variante gestoßen. Auf Seite 56 wird vom Zwiebelschälen erzählt, wobei die Hauptperson des Romans, Edgar, versucht, die Handgriffe seiner Mutter zu imitieren, ihr blitzschnelles Hantieren mit dem **KLEINSPITZEN**, wie sie das „rasierklingenscharfe Messer mit dem ausgeblichenen Holzgriff und der bis auf wenige Millimeter heruntergeschliffenen Klinge nannte".

Gundel Jahn, Aschersleben, Sachsen-Anhalt

Im hohenlohischen Dialekt hörte ich früher gelegentlich das Wort **KRABBENSCHÄCHTER** für ein eher minderwertiges Messer. „Krabben" sind die Raben, „schächten" kennt man als rituelle Art des Schlachtens. Also ein Messer, das allenfalls zum Schlachten der (offenbar damals schon) nicht geschätzten Raben taugte.

Heidrun Pelz, Freiburg im Breisgau

Angestachelt durch die vielen regionalen Messer-Begriffe, habe ich mich auch umgehört. Dabei hatte eine Chor-Freundin, die aus Krummhörn in Ostfriesland stammt, den Ausdruck **MEESTJE** beizusteuern.

Ruth Viebrock, Anderlingen, Niedersachsen

Mir ist auch sofort ein Begriff eingefallen: Bei uns bezeichnet **MUGGEGICKSER** das kleine, stumpfe Messer mit Plastikgriff, gut zum Kartoffelschälen. Der Begriff stammt wahrscheinlich aus der Gegend zwischen Heilbronn und Stuttgart und bedeutet so viel wie „das kann nur Mucken (Fliegen) töten".

Judith Daniel, Brackenheim, Baden-Württemberg

Meine Mutter pflegte bei einem Messerchen, das einen Holzgriff hatte und so oft gebraucht war, dass die Klinge schon ziemlich schmal war, von einem **NEIFEL** zu sprechen. Meine Mutter stammt – wie vermutlich der Ausdruck – aus St. Leon-Rot, einem Dorf der Oberrheinischen Tiefebene. Der Klang legt jedoch nahe, dass der Begriff irgendwie mit dem englischen *knife* zu tun hat.

Inge Trunk, Oberhausen

Das kleine Küchenmesser – Holzgriff speckig, Klinge immer geschärft, unentbehrlich bei vielerlei Verrichtungen vom Apfelschälen bis zum Bleistiftspitzen? Da sagt man bei uns im Rheinland **PITTERMESSER** – vermutlich ein Relikt aus der Franzosenzeit und Verballhornung des Wortes *petit* im Gegensatz zum großen Brotmesser.

Hartmut Großhans, Köln

Bei uns in Goldenstedt im Landkreis Vechta nennen wir solche Messer **Schillermesser**. Wobei sich dieser Begriff vermutlich nicht vom gleichnamigen Dichterfürsten herleitet, sondern wohl eher vom plattdeutschen Wort „schillen“ für (Kartoffeln, Äpfel ...) schälen. Meine Lebensgefährtin kommt aus dem ammerländischen/ostfriesischen Raum (Augustfehn). Dort heißt dieses Messer fast ähnlich **Schillermess**, wobei im Gegensatz zum Vechtaer Raum das Sch nicht wie Sch ausgesprochen wird, sondern wie Sk (also „Skillermess“). Das dürfte mit der Nähe zu den Niederlanden zu tun haben, wo das Sch auch wie Sk ausgesprochen wird.
Wolfgang Meyer, Goldenstedt, Niedersachsen

Ergänzung zum Thema „Allzweckmesser“: Bei uns in Franken werden die kleinen Küchenmesser **Schneidteufala** („Schneideteufelchen“) genannt. Und teuflisch schneiden sollten sie auch – vorausgesetzt, sie sind fachgerecht geschärft.
Renate Steinhorst, Bamberg

Solch ein kleines Küchenmesser hatte meine Großmutter, die in Osthessen an der Werra lebte, stets in der Schürzentasche (Osthessisch: Kippe). Das Messer hieß **Schnitzer** oder **Schnitzerchen** und wurde im Garten wie im Stall und in der Küche für alle möglichen Arbeiten verwendet – nicht notwendigerweise in dieser Reihenfolge, aber sicher, ohne zwischendurch

gesäubert zu werden! Ich kenne meine Großmutter nur so „bewaffnet", und auch für mich ist das Schnitzerchen unentbehrlich (wenn auch stets frisch gespült).
Christa Schütze, Baunatal, Hessen

Mit Vergnügen las ich auf Facebook die Begriffsammlung der ZEIT rund um das Küchenmesser. Und gerade, als ich der Liste den (wie ich dachte) westsächsischen Ausdruck **Schnitzer** hinzufügen wollte, stolperte ich über den Beitrag von Frau Schütze aus Baunatal, die das Wort für Hessen beansprucht! Konnte das sein? Meine Mutter erzählte mir dann am Telefon, dass ihre Großmutter – eine Vertriebene aus Niederschlesien – den Begriff mitgebracht habe. Auch sie war zeitlebens nicht in Hessen. Für mich gibt es nun zwei Möglichkeiten: Entweder haben Niederschlesier und Hessen isoliert voneinander erkannt, dass sich das kleine Messer gut zum Schnitzen eignet. Oder aber Frau Schützes Familie hat einen Migrationshintergrund, von dem sie nichts weiß.
Mandy Becker, Berlin

Frau Becker vermutet Migrationshintergrund und hat damit vielleicht nicht ganz unrecht, allerdings in etwas anderer Weise! Meine Großmutter nämlich stammt aus einer Gegend, die Waldhessen heißt – aus einer Familie, die dort seit Menschengedenken Höfe und Mühlen besaß, also nicht erst kürzlich eingereist sein dürfte. Und obwohl die Gegend heute einen ziemlich verträumten

Eindruck macht, erlebte sie (laut Internet) im Spätmittelalter eine Blütezeit. Diese verdankte sich der Lage an einer wichtigen Handelsstraße, der „Langen Hessen", die Frankfurt mit Leipzig verband. Migrationshintergrund hat also wohl das Wort **SCHNITZERCHEN** selbst.

Christa Schütze, Baunatal, Hessen

Mein Beitrag zu Ihrer Messersammlung ist das alemannische **RÜSCHTERLI**. Der Ausdruck stammt aus der Schweiz und ist auch bei uns in der Grenzregion bekannt. Er leitet sich von dem Verb „rüsten" ab, das bei unseren Nachbarn (selbst in Kochbüchern!) alle Arten der Vorbereitung umfasst, die man seinem Gemüse vor dem Garen angedeihen lassen kann.

Heike Röckel, Lörrach

Diese Messer sind ein typisches Produkt der Solinger Schneidwarenindustrie, und natürlich gibt es auch bei uns einen Ausdruck dafür: Wir nennen sie **ZÖPPKEN**. Einmal im Jahr gibt es hier auch den Zöppkesmarkt, dabei geht es aber ausnahmsweise mal nicht nur um Messer, sondern man kann dort Trödel loswerden. Außerdem wird bei dieser Gelegenheit eine „Miss Zöppken" gewählt.

Hans Joachim Schneider, Solingen

Wie das kleine Küchenmesser genannt wird:

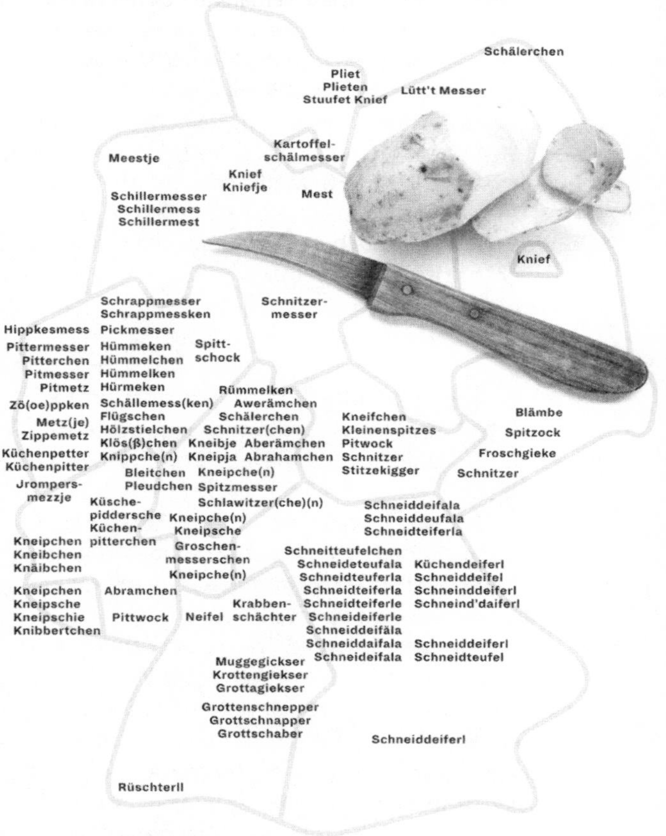

Von Lesern eingesandte Dialektausdrücke
für das kleine Allzweck-Küchenmesser,
geografisch geordnet von Friederike Milbradt; Illustration Jörg Block

Zu meinem Wortschatz gehört seit unbestimmter Zeit der schöne Ausdruck **Mieselpriem**. Er bezeichnet einen chronisch schlecht gelaunten, unangenehmen Menschen. Kürzlich habe ich ihn in einer Mail an eine Ex-Kollegin verwendet, die in Kiew arbeitet. Ein inzwischen hochbetagter ehemaliger deutscher Außenpolitiker hatte sich darüber beschwert, ihre Ukraine-Berichterstattung sei „russlandfeindlich". Ich schrieb ihr: „Diesen Mieselpriem würde ich noch nicht einmal ignorieren." Sie schrieb zurück: „Das Wort ‚Mieselpriem' werde ich mir merken."

Manfred Wichmann, Bonn

Auf den Begriff **Minna** bin ich gestoßen, weil ich davon hörte, dass eine Tochterfirma von Google Minna-Domains einführt. „Minna" heißt auf Japanisch „jedermann". In mir aber steigen beim Wort „Minna" Kindheitserinnerungen auf: Die Berliner Ganoven, etwa die in *Emil und die Detektive,* wurden von den Schupos in der „Grünen Minna" abtransportiert. Aber woher kommt dieser Begriff?

In der Wilhelminischen Zeit taufte man armer Leute Kind oft Wilhelm oder Wilhelmine. Die Wilhelmines mussten sich beim reichen Berliner Bürgertum im Haushalt verdingen, das „Wilhelmine" gern zu „Minna" verkürzte. Wenn jemand einen anderen schlecht behandelte, dann nannte man das „zur Minna machen". Im Gefängniswagen wurden die Gefangenen besonders häufig „zur Minna gemacht", und so färbte der Name auf das ganze Transportmittel ab.

Hans-Peter Oswald, Köln

In unserer Familie wird oft Englisch gesprochen, weil durch Heiraten etliche Mitglieder es als Muttersprache haben und andere es durch Beruf oder Leben im Ausland wie eine Muttersprache beherrschen. Trotzdem scheiterten wir, als wir in der Gruppe versuchten, für das Wort **Mitbringsel** eine englische Übersetzung zu finden, die diesen Austausch netter Kleinigkeiten unter Freunden adäquat wiedergibt.

Mechtild Becker, Pritzwalk, Brandenburg

Muggegickser *vgl.* Messerchen

Es passierte an einem ganz normalen Arbeitstag: Kein mit Vorwürfen belastetes Schreiben diesmal auf meinem Schreibtisch, sondern, getippt auf einer alten Schreibmaschine, die das schwarz-rote Farbband noch erahnen ließ, ein Vorschuss auf mein erwartetes Handeln: „Vielen Dank für Ihre **Mühewaltung**". Was für ein Begriff! Der alten Maschine gleich so wunderbar aus einer Zeit gefallen, in deren Sprache doch eher Controlling-Skill-Levels neu geclustert werden, was immer das auch heißen mag. „Mühewaltung" dagegen ist leicht zu begreifen und inspiriert zum sorgfältigen Tun. Daher ist der Satz in seiner Gesamtheit auch in meinen dienstlichen Briefen immer wieder zu lesen und sei der künftigen Verwendung durch alle ZEIT-Leser empfohlen.

Arnd Vogel, Gera

Während meiner Tätigkeit als Lateinlehrerin kommt immer wieder der Moment, in dem das Wort *otium*, **Musse**, eingeführt wird, das schon immer mein lateinisches Lieblingswort war. Aber plötzlich fragen die Schüler: „Muße, was ist das?" Das Wort ist ihnen ebenso unbekannt, wie es mir im gleichen Alter das Wort „Stress" war. Ich versuche nun, nicht nur die Sache, sondern auch das Wort zu bewahren: Muße!

Hildegard Danner, Hamburg

Gemeinsam mit einem guten Freund habe ich mich vor einiger Zeit dazu entschlossen, dass wir beide (nach anderen Studien) ein Lehramtsstudium in Deutsch beginnen. Wir sind beide begeisterte Genießer alter Raritäten und verbringen einen nicht unerheblichen Teil unserer freien Zeit in Buchantiquariaten. Jeder von uns hat seine Lieblingsplätze in unserer wunderschönen Heimatstadt Bonn, wo er der Muße hingebungsvoll frönt. Das reicht von stillen Plätzchen an der Sieg – das ist eher so meins – bis zum belebten Café in der Altstadt. Wenn wir uns dann mal wieder treffen und uns über ein gerade verschlungenes Buch (gerne 19. oder frühes 20. Jahrhundert) unterhalten, dann machen wir oft begeistert Gebrauch von wiederentdeckten Wortschätzen. Das mag für Zuhörer vielleicht etwas befremdlich und altmodisch wirken, uns aber bereitet es Freude.

Eine dieser Entdeckungen ist der **Müssiggang**. Das ist produktives Wenigtun als entschleunigendes Heilmittel für hektische Zeiten und nur Unbedarfte bezeichnen den Müßiggang – völlig zu Unrecht – als Faulenzerei.

Christoph Alexander Paul Cambeis, Bonn

Einer meiner Wort-Schätze ist: **MUTTERSEELENALLEIN**. Ein starkes Wort: achtzehn Buchstaben, drei Doppellaute, acht Vokale. Wenn man es ist, ist man es tatsächlich ganz und sehr und kostet wohl auch von der Verzweiflung des in die Weltgeworfenseins.

Vor rund 25 Jahren, im frühen Erwachsenenalter mit vielen Entwicklungsaufgaben wie der Loslösung vom Elternhaus, Partnerwahl und Familiengründung, habe ich es einmal an die Tür einer sogenannten Szenekneipe buchstabiert. Viele Jahre später habe ich das schöne Wort von anderer Hand in einer anderen Stadt an eine Wand geschrieben gesehen. Da dachte ich: „Da kennt noch eine das Gefühl!" Jetzt bin ich seit zwölf Jahren Mutter und frage mich, ob meine Tochter auch einmal den Geschmack des Wortes kennenlernen muss.

Elisabeth Huy, Freiburg

Vor Kurzem fiel mir das Wort **MUTTERWITZ** wieder ein. Dieses Wort macht mich gleich fröhlich, wenn ich es höre. Ein Mensch mit Mutterwitz ist wach, dreist, keck, schlau. Er guckt hinter die Kulissen, hat Humor und trifft genau den Nagel auf den Kopf. Ich rätsle: Warum *Mutter*-Witz? Hat man die Eigenschaft von der Mutter ererbt? Oder hat man sie von ihr abgeguckt? Oder entwickelte man den Mutterwitz schon früh im Umgang mit der Mutter – sozusagen aus Kampfgeist? Es ist schon erstaunlich, dass mit den Müttern eine so peppige Eigenschaft in Verbindung gebracht wird, die ja sonst nicht zum üblichen Frauenbild gehört.

Hannelore Tümpel, Westerholz, Schleswig-Holstein

N

Kürzlich blätterte ich wieder einmal in der gewichtigen Dissertation meines Freundes Jörg Riecke *Die schwachen jan-Verben des Althochdeutschen,* die er mir 1996 geschenkt hatte als „Erinnerung an jene Jahre, da die Bibliothek noch uns gehörte". (Wir waren immer die Letzten gewesen im Lesesaal der UB in Regensburg.) Mein Blick fiel auf Seite 230: **Nafazzen**, ein Wort, das ich als Kind noch von der Oma in Niederbayern gehört hatte: „Sei still, der Opa naffazzt." In den sechziger Jahren bedeutete es immer noch wie im 9. Jahrhundert „schläfrig werden, einschlafen". Keineswegs „Nur ahd.", lieber Jörg!

Christian Bauer, Moos, Niederbayern

„Aus dem **Nähkästchen** plaudern": Wenn ich das höre, habe ich sofort bildlich vor Augen, wie eine Menge Frauen mit Nadel und Faden zusammensitzen und sich die Neuigkeiten aus Familie und Gesellschaft erzählen.

Peter Brandt, Berlin

Nasshaftkraft, dieses Wort benutzt man im Zusammenhang mit Autoreifen und Zahnersatz. Als ich es hörte, fühlte ich mich an die Stelle eines Deutsch lernenden Ausländers versetzt und wurde von Lachen geschüttelt: Nasshaftkraft! Geschrieben sieht es schon lustig aus, aber gesprochen, womöglich mit rutschender Prothese, ist es noch eindrucksvoller: Naffhastkrass ...

Ulrike Blatter, Gottmadingen, Baden

Neifel *vgl.* Messerchen

Als mir kürzlich die Handtasche geklaut wurde, schrieb ich einer Freundin, **nichtsdestotrotz** würde ich meine gute Laune behalten. Nichtsdestotrotz – aus drei Teilen zusammengesetzt: Nichts – war mir geblieben. Desto – da kündigt sich die Wende zum Positiven an. Trotz – ich lasse mich nicht unterkriegen. Das Ganze zischelt und raschelt zudem wie eine wütende Schlange: Das Wortungetüm könnte zum Lebensmotto mutieren.

Gisela Schreiber, Mainz

Ein in der Dresdner Gegend geläufiges und beinahe universell einsetzbares Wort ist die Partikel „**Nu**!" (mit breitem, kurzem u). Dazu ein Beispiel, erlebt neulich in der S-Bahn: Die Schaffnerin kontrolliert die Fahrkarten. Ein Jugendlicher mit iPod-Stöpseln im Ohr beginnt, während sie vor ihm steht, in aller Ruhe alle seine Taschen nach der Fahrkarte abzusuchen, bis er sie schließlich findet und ihr hinhält. Sie wirft einen langen Blick darauf und entgegnet in einem Tonfall, worin Gutmütigkeit, leichtes Genervtsein und doch viel Gleichmut mitschwingen, nichts als: „Nu!" Mit diesem einen Wort war alles gesagt: „Danke, die Fahrkarte ist in Ordnung. Das hätte schneller gehen können. Beim nächsten Mal nicht so weit wegpacken!" Aber wo könnte man es ökonomischer ausdrücken als in Dresden, womöglich kombiniert mit den nicht minder originären „Ni" (Verneinung) und „Nor" (Rückversicherung)? Dann hätte die volle Antwort der Schaffnerin geheißen: „Nu, awwor nähschdes Mah ni so lahm, nor?"

Christian Quinque, Leipzig

Aus dem Begriff „Nuckel", umgangssprachlich für Beruhigungssauger, und der Bezeichnung für den Hebel am Steuerruder, der „Pinne", setzt sich eines meiner Lieblingswörter zusammen – die **NUCKELPINNE**. Aber weder mit dem einen noch mit dem anderen hat diese witzige Wortkreation etwas gemein. In Wirklichkeit geht es um ein altes, klappriges Kleinfahrzeug, das zudem noch schwach motorisiert daherkommt.

Über die Gründe, warum diese liebenswerte Vehikelbezeichnung im täglichen Sprachgebrauch kaum noch anzutreffen ist, kann ich an dieser Stelle nur spekulieren. Möglicherweise gibt es heute keine untermotorisierten Autos mehr und die Alten und Klapprigen unter den Kleinwagen hat womöglich die Abwrackprämie von der Straße geholt. Sollte man den Nuckelpinnen tatsächlich nur noch auf Schrottplätzen begegnen? Für die Autoindustrie wäre es ein Segen, für die deutsche Sprache aber ganz bestimmt ein herber Verlust.

Thomas Fürbaß, Bad Schönborn, Baden-Württemberg

Meine Wurzeln liegen in Oberschlesien, aufgewachsen bin ich in Dortmund, inzwischen bin ich 70 Jahre alt. Am Wochenende gab es in meinem Elternhaus immer selbst gebackenen Kuchen. Der Hefe- oder Mürbeteig wurde mit der **Nudelkulle** ausgerollt. Immer wenn ich ein Nudelholz in der Hand habe, fällt mir dieses Wort ein.

Ingrid Peters, Dornstetten, Baden-Württemberg

O

Mein Wort-Schatz ist **Ohnmachtshappen**. Meine Mutter (Jahrgang 1920) vergaß nie, entsprechende Vorräte einzustecken, wenn wir einen Familienausflug machten. In der Nachkriegszeit hatte sie selbst viele Entbehrungen erlitten und wusste, wie es sich anfühlt, vor Hunger fast in Ohnmacht zu fallen. Später – in meiner Kindheit in den fünfziger Jahren – bestand diese Gefahr zwar nicht mehr, aber es machte meine Mutter anscheinend froh, für den Fall der Fälle etwas dabei zu haben. Schließlich gab es damals ja auch nicht so viele Möglichkeiten, unterwegs noch etwas zu kaufen. Obwohl die Happen niemals ihren eigentlichen Zweck erfüllen mussten, verzehrt wurden sie immer, denn als Ohnmachtshappen eignen sich am besten: kleine Süßigkeiten.

Gabriele Schaller, Weimar

P

Ein Wort, das ich früher ab und zu von meiner sudetendeutschen Mutter hörte und inzwischen tot geglaubt hatte, ist der **Pallawatsch**. Meine Mutter benutzte diesen Ausdruck etwa, wenn sie durch Unachtsamkeit Durcheinander angerichtet hatte. Nun habe ich gegoogelt, und siehe da, in Österreich, und zwar vor allem in den östlichen Bundesländern benutzt man ihn noch heute. Der Pallawatsch ist eine Verballhornung des italienischen *balordaggine,* wörtlich übersetzt „Tölpelei". Das Wort erinnert an die Zeit, als Österreich noch bis an die Adria reichte.

Ingrid Schmid, Dornstadt, Baden-Württemberg

Als ich Kind war, gab es Kolonialwarenläden, die führten Zitronen, Apfelsinen, Mandarinen und Pampelmusen. Dann kamen Krieg und Nachkriegszeit, das Angebot verschwand. Erst nach Einführung der D-Mark änderte sich die Lage. Kolonialwarenläden wurden zu Supermärkten, Apfelsinen nannte man jetzt Orangen. Meinetwegen. Aber als das herrliche Wort **Pampelmuse** durch Grapefruit ersetzt wurde, empfand ich das als Verlust. Pam-pel-mu-se! Das singt und klingt, birgt Vorfreude auf den Verzehr, bringt Glück beim Essen und hinterlässt Wohlsein danach. Doch heute wissen viele damit nichts mehr anzufangen. Pampelmuse? Was soll das sein? Ich aber hüte das Wort als Schatz – und freue mich, wenn ich es bei einem Besuch bei unseren westlichen Nachbarn höre: *„le pamplemousse"*. In Frankreich existiert es, neben der Grapefruit, glücklicherweise weiter fort.

Reinhart Riehm, Dreieich

Mein Wort-Schatz ist einer für die Optimisten dieser Welt. Einer für diejenigen, die nicht alles angepasst hinnehmen oder nur machen, weil man „das eben so tut". Es ist das freche Wörtchen **Papperlapapp**.

Leider weiß ich nicht mehr, wann das Wort in meinen Wortschatz geriet; aber ich weiß genau, wann es mich jedes Mal aufs Neue begeistert: zur Weihnachtszeit in dem Kultfilm *Der kleine Lord.* Es ist die erfrischend herzliche Art, mit der Lady Lorradaile, die Schwester des einst so vergrämten Earls, mit diesem Wort um sich wirft. Und damit so unbekümmert und begeisterungsfähig ist, wie man sich das in vielen Situationen des Lebens für sich selber wünscht.

Das hat etwas von mit dem Kopf durch die Wand wollen – im positiven Sinn: „Ach was, wir machen das jetzt, keine Widerrede und ganz egal, ob alle uns davon abraten." Manchmal – das gilt für die Politik und auch im privaten Leben – muss man einfach seinen Mut zusammennehmen, muss die ewigen Zweifler hinter sich lassen, die Sorgen über Bord werfen. Manchmal muss man einfach „Papperlapapp" sagen.

Gesine Heger, Heidelberg

Im Wohnzimmer unserer Großmutter befand sich eine Standuhr, ein großes, schweres Möbelstück mit einer gläsernen Tür davor. Innen schwang gleichmäßig eine runde, goldene Scheibe hin und her und zählte die Zeit. Wir Kinder liebten nicht nur die Uhr, sondern auch das merkwürdige Wort für das goldene Pendel darin: **Perpendikel**. Wir hockten davor und skandierten im Takt zu seinem Schwung: „Per-pen-di-kel, Per-pen-di-kel", als sagten wir ein Gedicht auf. Heute gibt es fast keine Standuhren mehr und mit ihnen verschwindet auch das hübsche Wort, von dem keiner genau weiß, ob es „der" oder „das" Perpendikel heißt.
Gerhild Erler, Oldenburg

Wenn meiner Großmutter eine fummelige Sache nicht gelingen wollte, so fluchte sie nicht. Sie seufzte: „Ich kriege hier gleich die **Pimpernellen**!" Das *Grimmsche Wörterbuch* erklärt uns das gleichnamige Heilkraut, mit dem man wohl das ganze Ungemach hinweggurgeln könnte. Für uns sind Pimpernellen aber etwas, was man auf keinen Fall haben wollte. Und so hat sich jener wunderbare Ausdruck von leiser Verzweiflung und gleichzeitigem Vergnügen über die eigene Ungeschicklichkeit bis zu den Urenkeln durchgesetzt. Sie können, wenn ihnen etwas nicht gelingt, auf meine sofortige Hilfe hoffen, wenn sie genervt rufen: „Mami, also ich krieg' hier gleich …!"
Christine Fensch, Nairobi, Kenia

Pittermesser *vgl.* Messerchen

„In allen vier Ecken soll Liebe drin stecken." Wer diesen Satz liest, denkt sofort an sein **Poesiealbum**. Und für alle Leser unter dreißig: Ein Poesiealbum ist ein Buch mit leeren Seiten, das an Freunde, Verwandte, Lehrer und Mitschüler verliehen wird, damit diese dort je eine Doppelseite gestalten. Geschrieben, nicht getippt, gemalt, nicht runtergeladen, alles analog und im Namen der Poesie. Ich stelle mir vor: Ich komme morgens zur Arbeit und eine Kollegin (oder ein Kollege) reicht mir ein Buch mit den Worten: „Willst du in mein Poesiealbum schreiben?" Ich wäre begeistert! Ich würde sofort alle verstaubten Lyrikbände aus dem Regal zerren. Spät in der Nacht dann ein Gedicht aussuchen oder einen prägnanten Satz aus dem unermesslichen Schatz der Poesie ... Ich werde mir wieder ein Poesiealbum anschaffen!

Verena Martin, Reutlingen

Jeden Samstag nach dem Wunschfilm, pünktlich um 21 Uhr 45, sagte mein Vater in feinstem Ruhrgebietsdeutsch: „So, getz aber ab inne **Poofe**!" Während meine Brüder und ich damals jeden Moment hinauszögerten, ins Bett zu gehen, hat die gute, alte Poofe heute ein Revival erfahren: Mit einem sechsmonatigen Sohn kann ich es manchmal gar nicht abwarten, abends endlich in die Poofe fallen zu können.

Nina Cornelius, Zürich

Das Wort **Pumpensumpf** verführt mich immer wieder zu Wortspielereien wie etwa „Sumpenpumpf“. Die tief murmeligen U wecken in mir Assoziationen an kaulquappenwimmelnde Pfützen, quakende Frösche und Unken sowie sumpfigen Uferschlick. Es handelt sich dabei aber um ein durchaus ernst zu nehmendes Wort für eine Einrichtung, welche dafür sorgt, dass die Pumpe am tiefsten Ort eines Entwässerungssystems nicht trocken läuft.

Ulrich Boeyng, Kuhardt, Rheinland-Pfalz

R

Altjüngferlich
herzzerreissend
Gespür
hinterfragen
Nu!
Herrenkommode
Imponderabilien
Gewese
Hollerbusch
jottwede
Hämmelchen
Kaffeeklatsch
Kraftbrühe
Tüchtelmüchtel
zimperlich
Karacho
Kochkiste
blümerant
Zubrot
Triumphgemüse
wieseln
Hagestolz
Perpendikel
Rabuff
Trine
Muse
Kanapee
Wegzehrung
ratzeputz
Dämmerschoppen
Habgier
Demut
darben
Feierabend
traumverloren
hochherzig
Kofferheule
wundervoll
Schmaus
ewig schön
Klapperatismus
Liebkosung
Fenstermantel
gelackmeiert
wohlweislich
Kittelwäscher
Kleinod
fabulieren
Kalfaktor
Anmut
Hirnschirben
übel
wahrhaftig
Unbill
Herzpuppern
gewogen
Arznei
Kawuppdich
Kinderfeind
Käpsele
lässig
Unducht
schlaftrunken
zappenduster
Schäkel
Doktorvater
Kleinspitzen
Läusknäcker
Zippken
Leibweh
Schnatzer
Linde
Tollpatsch
Bauernglätte
dösbaddelig
dräuen
Poofe
Leuteschwätzer
Glimpf
Gutdünken
selbander
Minna
Groschen
verplempern
überzwerch
Nichtsnutz
unfrieden
vermaledeite
Violoncello
zauberschön
Übergangsmantel
Zwischendreher
Drauwedrigger
Lohatüte
daheim
Zeiserlwagen
Wasserbanksgardine
Zampel
zutraulich
Augenmerk
Zwistupf
Wohlwollen
behende
Wiesengrunde
Zustupf
Habseligkeiten
belämmert
bepööschen
Bredouille
Chaiselongue
Christkindl
Hansdampf in allen Gassen
Heidewitzka!
Hussmangel
Brotelschneider
futschikato
Fremdin
flugs
famos
Dummbax
ermattet
Denkmut
Duckdalben
Fersengeld
Flügschen
Fahrkartenschalter
ummummeln
Erfrischungsraum
Feldrain
fürbass
gebenedeit
Bauwerksertüchtigung
Gedöns
Ferngespräch
Fückepüster

In meiner Jugendzeit in den fünfziger Jahren gab es in unserem Dorfkino die sogenannten **Rasiersitze**. Es waren die meistens preiswerteren Kinositze in den ersten Reihen. Und da die Leinwand sehr hoch oben war, musste man den Kopf wie beim Barbier weit in den Nacken legen, um das Geschehen zu verfolgen.
Werner Müller, Berlin

Wir sind bei Freunden eingeladen. Es gibt Lasagne. Wir essen sie **ratzeputz** auf. Das Wort gefällt mir in diesem Zusammenhang besonders gut. Was gut ist, das putzen auch die intelligenten Ratten weg.
Ursula Bechtle, Besigheim, Baden-Württemberg

Als Kielerin und überzeugte Wahlberlinerin kann man an Stuttgart nur scheitern – das fängt schon bei der Sprachbarriere an. Dennoch gibt es ein Wort, das sich seinen Weg in mein Herz gebahnt hat: **rauslassen**. Es kommt so schön unprätentiös und vor allem unschuldig hochdeutsch daher und ist doch so unglaublich vielseitig. Man kann sich ein Word-Dokument rauslassen oder einen Fahrschein am Automaten, man kann sich heute zur Belohnung eine Tafel Schokolade rauslassen oder man lässt sich etwa einen Professor raus (man angelt sich einen). Und zu guter Letzt habe ich mir jetzt einen neuen Job in Berlin rausgelassen. Für diesen Neuzugang in meinem Wortschatz danke ich dir, liebes Stuttgart, von ganzem Herzen. Und diese späte Liebeserklärung musste ich einfach rauslassen!
Ronja Tripp, noch Stuttgart

Geschichte war immer mein Lieblingsfach am Domgymnasium in Verden. In der neunten oder zehnten Klasse begegnete mir dann ein Wort, das mich vom ersten Augenblick an faszinierte, weil es so lang war und so verwirrend: **Reichsdeputationshauptschluss**. Die Kundigen erinnern sich: Ach ja, 1803! Mein altes, unverzichtbares *Meyersches Konversationslexikon* von 1897 (Band 14) erklärt: „Entschädigung der durch die Abtretung des linken Rheinufers beeinträchtigten weltlichen Landesherren durch Zuweisung anderer Besitzungen auf dem rechten Rheinufer." Zugegeben, dieser Begriff klingt altertümlich und verwirrend. Aber für mich ist er schön wie ein altes Möbelstück: Reichsdeputationshauptschluss!

Christian Steinwede, Walsrode

Rüschterli *vgl.* Messerchen

S

Als Kind herrschte ich über einen wunderbaren Schatz, der in meinem Kinderzimmer, ohne erkennbares System, weitflächig verteilt war. Diesen Schatz hatte ich in vielen Jahren liebevoll zusammengetragen. Es handelte sich um außerordentlich wertvolle Dinge wie Muscheln, Steine jeder Größenordnung, rostige Schrauben mit Muttern und Unterlegscheiben, Hunderte von Einzelteilen aus dem Märklin-Baukasten, halbfertige Traktoren und Portalkräne, speckige Stofftiere, Sportabzeichen der verschiedensten Leistungsstufen und viele andere Herrlichkeiten.

Meine Mutter allerdings konnte den Wert der Sammlung offenbar nicht andeutungsweise ermessen. Sonst hätte sie nicht eines Tages zu mir gesagt, ich solle doch endlich das ganze **Sammelsurium** wegschaffen.

Geblieben ist mir ein frühkindliches Trauma neben der Gewissheit, dass es kein hässlicheres Wort gibt als das „Sammelsurium", vor allem im Zusammenhang mit den Schätzen eines Kindes. Und sollte ich jemals einen Meuchelmord begehen, wird mein Anwalt gut daran tun, diese tiefe Verletzung strafmindernd vorzubringen.

Willi Oberholz, Wittlich

Mein Wortschatz ist die **Sanftmut** – für mich ein Synonym für Geduld und Besonnenheit, Zuwendung und Wärme. Woran mag es wohl liegen, dass ich nur noch selten auf dieses Wort treffe?

Bei einem Vokabeltest mit meinen Schülern täuschten sich fast alle im Genus des Substantivs: Sie glaubten, es heiße „der" Sanftmut. Sie dachten an „Mut" und an die Regel, dass das Genus des letzten Wort-Bestandteils über das Genus eines zusammengesetzten Wortes

entscheidet. Etwa: die Tür und das Schloss ergeben das Türschloss. Warum die Regel nun bei „Sanftmut" nicht funktioniert, konnte ich leider noch nicht herausfinden.
Evelyne Ohngemach, Bad Ditzenbach

Unter meinen Lieblingsworten ist es für mich das poetischste: Der **Sankt-Nimmerleins-Tag**. Wie man früher bestimmte Termine am Heiligenkalender ausrichtete (an Mariä Lichtmess etwa wurden auf dem Land Verträge mit dem Gesinde abgeschlossen oder verlängert, auch gab es kleine Geschenke, so für die Bauernmagd etwa ein Paar wollene Strümpfe, die vermutlich entsetzlich kratzten), so gab es für Abmachungen oder Vorhaben, an deren Verwirklichung erhebliche Zweifel bestanden, den Ausdruck, „etwas auf den Sankt-Nimmerleins-Tag verschieben". Eine harte, womöglich schmerzliche Erkenntnis wurde in das sanfte Gewand eines Heiligen gekleidet, den es gar nicht gab.

Die alten Römer waren da pragmatischer: Etwas auf den Sankt-Nimmerleins-Tag zu verschieben hieß bei ihnen „ad kalendas graecas", weil der griechische Kalender die „Kalenden", den ersten Tag jedes Monats, nicht kannte. Dass die armen Griechen schon *ab urbem condita* einen schlechten Ruf haben, wäre nur eine von verschiedenen Interpretationen, die heutige Zeitläufte nahelegen könnten. Wie dem auch sei, poetischer ist der Sankt-Nimmerleins-Tag allemal. Dass man den im Heiligenkalender vergeblich sucht, teilt er heute mit so manchem Heiligen, der vormals dort seinen Platz hatte.
Klaus Müller, Dortmund

Sassafras! Für mich klingt dieses Wort verheißungsvoll, magisch, voller Überraschungen. Eventuell ein geheimer Begriff? Als ich vor sehr vielen Jahren über dieses Wort stolperte und neugierig im Lexikon nachschlug, wurde ich allerdings enttäuscht: Es ist der Name eines Lorbeergewächses in Nordamerika. Immerhin ist es ein nicht heimischer Baum.

Dennoch hat mich dieses Wort nicht mehr losgelassen. Es hat in der Sammlung besonderer Lieblingswörter (neben „Ichneumon" und „Scheltopusik") in meinem Herzen einen Ehrenplatz. Wann immer es mir einfällt, muss ich es – wenigstens in Gedanken – mehrmals hintereinander sagen. Klingt es nicht wie die unmissverständliche, barsche Antwort auf eine allzu dreiste Frage? „Sassafras!"

Anja Schirk, Lübeck

Eine Gelegenheit verpasst, nicht in der allseits geforderten Höchstgeschwindigkeit gehandelt zu haben – das ist ein Versäumnis. Dieses unglückliche, wie ein abgefahrener Zug nicht mehr einholbare Wort hat mich schon immer abgestoßen. Wie weich und verträumt wirkt dagegen jene **Saumseligkeit**, mit der einstmals derselbe Vorgang umschrieben wurde. Es heißt, langsamer zu sein als erwartet und mit der Erledigung von Pflichten im Rückstand sein – dabei aber selig. Eben: saumselig.

Die immer ungeduldiger klingende Aufforderung meiner Mutter, vom Spielen endlich ins Haus zu kommen, um zu Abend zu essen; das genüssliche Gefühl, es immer noch einen Augenblick hinauszuzögern – das war eine der Saumseligkeiten meiner Kindheit. Heute komme ich

bisweilen in diesen vorparadiesischen Zustand, wenn ich immer noch eine Weile dabei vergehen lasse, den Pflanzen auf meinem Balkon beim Wachsen zuzusehen und meinen Gedanken nachzugehen. Eigentlich müsste ich die Küche aufräumen, die Wohnung putzen, groß einkaufen, kochen und waschen, die eine oder andere Rechnung begleichen, Anrufe erledigen und die tausendste E-Mail schreiben … Ich kann die drängenden Rufe förmlich hören, aber ich stelle mich taub. Welch eine Seligkeit!
Antonia Landois, Würzburg

Neulich im Baumarkt. Zwischen all den Lochplattenwinkeln, Aushebescharnieren, Federklappdübeln und anderen Eisenwaren, die Aussehen, Funktionsweise und Bestimmung im Namen tragen, traf ich auf Kloben, Kausche und **Schäkel**. Nie gehörte, nie geahnte Wörter, Ur-Raunen zünftiger Werkleute. Ich warte auf die nächste Gelegenheit: Gib mir mal den Schäkel rüber!
Stefan G. Wolf, Wiesbaden

Vor einiger Zeit hatte ich einen Handwerker in der Wohnung, der mangels Körperhöhe nicht an das Objekt seines Arbeitsauftrags reichen konnte. „Ich bringe Ihnen das **Schawellche**", bot ich ihm an. Das ist in Frankfurt und Umgebung ein hölzerner Fußschemel mit Griffschlitz, gut geeignet, höhere Schrankfächer zu erreichen, aber auch sehr beliebt als Kleinkindersitz.

Die Etymologie ist strittig: Womöglich ist es eine Verballhornung des französischen *cheval*, verwendet also im Sinne von einem kleinen Pferd, auf das man klettert. Vielleicht aber ist es auch eine Abwandlung von „Schwelle". Darauf würde eine Stelle im Briefwechsel von Bettina Brentano mit Goethes Mutter hinweisen, in der Erstgenannte sich erinnerte, wie sie bei Frau Rat Goethe als Kind so gern „auf der Schawell" gesessen habe. Wie auch immer – wohl dem, der in seiner Wohnung noch ein Schawellche hat. Übrigens sind diese Möbel gar nicht mehr so leicht zu finden. Unser amtierendes Schawellche haben wir vor Jahren in Bad Bergzabern in der Pfalz entdeckt und gleich gekauft.

Hanna Eckhardt, Frankfurt am Main

Mein Lieblingswort ist **Schiffshebewerk**. Schon der Begriff signalisiert etwas „Erhebendes", ein Wunderwerk der Technik, das ganze Schiffe nach Bedarf heben und senken kann. Schon als Junge war ich davon fasziniert, nachdem ich den Begriff samt Beschreibung („zur maschinellen Überwindung großer Höhenunterschiede zw. 2 Wasserspiegeln; Antrieb des den Schiffskörper aufnehmenden Troges hydraulisch oder mittels elektrisch bewegter Schraubenspindel, Zahnräder, Ketten, Seile") in *Knaurs Konversationslexikon* von 1932 gelesen hatte. Kürzlich habe ich das Schiffshebewerk Henrichenburg bei Dortmund besichtigt und war erneut beeindruckt von dieser kühnen und formvollendeten Konstruktion.

Berthold Stötzel, Siegen

Schillermess, **Schillermesser** *vgl.* Messerchen

Mein Wort-Schatz: **SCHLAFTRUNKEN**. Wenn ich am frühen Morgen nicht wie sonst mit meinem Mann aufstehe, sondern liegen bleibe, weil ich am Abend zuvor spät von einer Probe kam. Wenn er sich dann, bevor er das Haus verlässt, noch mal für ein paar Minuten zu mir legt. Dann schmiege ich mich an, nur zur Hälfte wach: schlaftrunken. Und glücklich.

Anke Schönle, Ebermergen

Wenn in meiner Kindheit mal eine **SCHLORRE** hinter mir herflog, dann hatte ich meine Mutter wohl etwas geärgert. Es handelte sich dabei um einen Hausschuh und diesen Begriff hatte sie aus ihrer Danziger Heimat mitgebracht.

Werner Müller, Berlin

Gibt's beim Zahnarzt was zu lachen? So geschehen in Wien: Die dritten Zähne klemmen, sie drücken zum Verzweifeln. Mein Zahnarzt ganz ernsthaft: „Nach Entfernung Ihrer Zähne haben Sie dort nun leider einen **SCHLOTTERKAMM**". Das ganze Elend ist mit einem Mal verschwunden angesichts dieses herrlichen Wortes!

Margarete Reisch, Wien

Wir befanden uns auf der Rückfahrt aus dem Urlaub, auf der Fähre Helsinki – Travemünde. Nach dem Abendessen auf dem Schiff ging ich an die Bar und bestellte mir noch einen **Schlummertrunk**. Die deutsch sprechende Bedienung sah mich entgeistert an: „Heißt das so?" Ich wurde leicht unsicher: „schlummern"? Eben noch hatte ich mir nichts bei dem Wort gedacht, nun ließ es komische Fantasiebilder im Kopf entstehen: Schlangen gründelten am Tümpelgrund und „schlummerten" sich durch den Matsch, böse Menschen „schlummerten" mir mein Geld weg ... „Ja, das sagt man so!", hörte ich einen korpulenten Mann am Tresen sagen, wie sie wohl an allen Tresen der Welt sitzen und auch immer zu allem etwas zu sagen haben. Ich trank beruhigt mein Bierchen aus und schlummerte danach auch gleich in der Kabine ein!

Gerd Buckan, Köln

Es gibt im Wienerischen viele treffende Begriffe. Eines meiner Lieblingswörter ist **Schmähtandler**. Ein Tandler ist ein Händler; der „Schmähtandler" also jemand, der mit Scherzen handelt. Das Wort hat etwas Weiches und Liebevolles. Manchmal nenne ich meine Tochter „Schmähtandlerin", wenn sie fälschlicherweise behauptet, sie habe bereits Zähne geputzt.

Miriam Mlczoch, Wien

Zu den Wörtern, die ich besonders mag, gehört der **Schmaus**. Es ist nicht nur ein altes Wort, sondern es lässt sich kaum durch eine moderne Bezeichnung ersetzen. Alles, was uns zum Thema Mahlzeit einfällt – Festessen, Imbiss, Menü, Grillparty, Buffet –, drückt höchstens teilweise aus, was der „Schmaus" umfasst: „mit Genuss und Behagen viel und gut essen und trinken" (*Etymologisches Wörterbuch des Deutschen*). Ludwig Uhland hat dem Schmaus ein lyrisches Denkmal gesetzt: In seinem Gedicht *Einkehr* wird ein Apfelbaum zum Sinnbild der freigebigen Natur. Die dritte Strophe lautet:

Es kamen in sein grünes Haus
Viel leichtbeschwingte Gäste;
Sie sprangen frei und hielten Schmaus
Und sangen auf das beste.

Wenn wir am großen Familien-Esstisch Platz genommen haben, wartet die Freundin unseres Sohnes jedes Mal auf meine Frage: „Wie heißt der Spruch?" Ihre Antwort: „Fröhlich sei der Schmaus – in diesem Haus!"
Hans-Otto Seinsche, Betzdorf

Schneidteufala *vgl.* Messerchen

Schnitzer, Schnitzerchen *vgl.* Messerchen

Ein Substantiv, das ich sehr oft benutze, weil es mir so gut gefällt: **Schnurrpfeifereien**. Schnurrpfeifereien sind für gewöhnlich Dinge oder Tätigkeiten, die man eigentlich nicht braucht, die aber dafür umso schöner sind. Auf die Frage „Was hast du denn heute gekauft?" zu antworten: „Och, nur Schnurrpfeifereien!", ist also an sich nichts Abwertendes. Gelegentlich findet man allerdings in alten Büchern das Wort auch mal in leicht negativem Sinn, wenn etwas „ohne Schnurrpfeifereien", sachlich und ohne Schnörkel ist.

Marina Müller McKenna, Kephallonia, Griechenland

Schnurstracks: Ich mag dieses Wort. Es bringt seine Bedeutung zum Klingen: „Schnur", das ist gerade, ohne Umwege, auf kürzester Strecke. „Stracks", kommt das von „Strecke"?, frage ich mich jetzt eben. Egal! Das „a" mit anschließendem „ck" bringt einen kleinen entschlossenen Knall und ist gleichzeitig der größtmögliche Kontrast zum dunklen „u" in der ersten Silbe. Das sehe ich bei „schnurstracks" vor mir: Jemand geht aufrecht und zügig, aber nicht überhastet, in eine Situation, um sie zu klären. „Schnurstracks" ist in Bild und Klang sehr viel anschaulicher als „direkt" oder „straight".

Margit Bergmann, Flein, Baden-Württemberg

Im Grunde ist mein Wort-Schatz ein Schimpfwort, aber da er so herrlich altmodisch ist, würde ich sogar sagen, er klingt ein bisschen vornehm. Wenn ich über etwas erstaunt bin und darüber, was mir jemand zumutet, auch ein wenig befremdet bis ärgerlich: Was steht mir zur Verfügung? „Ach du Sch …!", nein, das gebrauche ich nie. „Mein lieber Schwan!"? Nein, zu sehr Lohengrin. Viele sagen oder schreiben gar „Weia!" – im Grunde auch Wagner: „Wagala weia, woge, du Welle". Also: nein! Oder: „Mann, ej!" oder „Menno!"? Nee! Da ich ein freundlicher und langmütiger Mensch bin oder zumindest so tue, will ich den Gesprächspartner nicht gleich selber ärgern. Und so passt mir ein Wort am besten, das das Gegenüber überrascht und die Zumutung gleich ein wenig entschärft, wie ich meine: „**SCHOCKSCHWERENOT**!"

Ich hörte das, wenn ich mich recht erinnere, erstmals in *Cyrano de Bergerac* (einer der jungen Soldaten wagt es, über die große Nase des Titelhelden zu sprechen, worauf dieser es ausruft).

Ich habe mit diesem Wort immer den erwünschten Erfolg: Der, der mich ärgert oder ärgern wollte, ist erst mal baff. Ich bekam sogar mal das Kompliment, ich sei der einzige Mensch im Bekanntenkreis, der dieses Wort verwende. „Schockschwerenot" ist übrigens präzise. Das Wort bezeichnet doch genau das, was man angesichts einer überraschenden Zumutung empfindet: erst einen Schock, dann eine schwere Not bei der Suche nach der angemessenen Reaktion.

Jürgen Hartmann, Stuttgart

Als Kind durfte ich lernen, was ein **Schraubenzieher** ist. Jetzt im Alter verbessert mich die junge Generation beim Heimwerkeln: „Ach, du meinst den Schraubendreher!" Ich aber werde darauf bestehen, dass man mir in meinem letzten Ruhebett einen Schraubenzieher mitgibt! Denn falls ich nur aus Versehen für tot gehalten wurde, kann ich damit die Schrauben aus dem Sarg wieder rausziehen – und noch ein wenig weiterwerkeln.

Peter Thon, Hildesheim

Kürzlich hörte ich im Radio ein lange Zeit nicht mehr vernommenes Wort, nämlich **Schuldiener**. Der Historiker, der es benutzte, bestand darauf. Denn „Schuldiener", laut Wörterbuch „veraltet", ist eben doch nicht völlig bedeutungsgleich mit „Hausmeister einer Schule". Die Respektsperson, die gleichzeitig eine dienende und manchmal eine komische ist, findet sich im Hausmeister weniger. In einem südhessischen Dorf aufgewachsen, habe ich das Wort Schuldiener lange und ganz selbstverständlich benutzt. Der Hausmeister begegnete mir erst im Gymnasium und der eher österreichische Pedell erst in der Literatur. Doch auch dort findet sich der Schuldiener wieder: Kafkas Landvermesser K. wird im 7. Kapitel ersatzweise und vorübergehend die Stelle eines Schuldieners angeboten. Er scheitert selbstverständlich.

Erich Eberts, Ludwigshafen

Neulich war ich Gast bei einer großen Hochzeit auf dem Land. Nach der Trauung sollte es in geordneter Abfolge zum Festessen gehen. Die Blumenkinder vor dem Brautpaar waren aufgestellt und die Hochzeitsgesellschaft formierte sich, als ein Donnergrollen das ganze Vorhaben zunichtemachte. Im **Schweinsgalopp** wurden die Blumenkinder selbst von der Oma mit Rollator überholt. Als wir im Lokal angekommen waren, gingen die ersten Regentropfen nieder. Bis dahin kannte ich das Wort nur aus der Politik, wenn ein Gesetz im Schweinsgalopp durchgeht. Siehe Atomausstieg. Drohende Wolken sorgen manchmal für schnelle Entscheidungen.

Elisabeth Weber-Strobel, Heidenheim

Lasst mich meine **Schwermut** behalten! Diesen durch Melancholie, Schmerz, Trauer oder Nachdenklichkeit geprägten Zustand, in den ich – ohne äußeren Anlass und nicht ungern – ab und zu falle. Depression? Nein, nur ein bisschen schwermütig. Manchmal.

Sophie Reich, Bochum

Ein besonders witziges Wort ist für mich **Schwippschwager**. Es wird ziemlich selten gebraucht, die meisten Leute verwenden nur das Wort „Schwager". Mit der Vorsilbe „Schwipp-" aber wird das Verwandtschaftsverhältnis genauer beschrieben. Mein Schwager ist der Mann meiner Schwester, für meinen Mann aber ist er der Schwippschwager. Das finde ich ziemlich witzig, aber auch ein bisschen bürokratisch, denn ein Schwippschwager ist eben „nur" ein Angeheirateter, sozusagen ein Zufallsverwandter. Doch egal, ob mit oder ohne Schwipp: Hauptsache, die Schwäger und Schwägerinnen verstehen sich! Und das vielleicht notwendige Schwipp macht es nur noch lustiger.
Sabine Wilms, Kassel

Dieses Wort geht mir nicht aus dem Kopf: **Sekundärrohstoffannahmestelle**. Tatsächlich war das in meinen Kindertagen in der damaligen DDR ein nicht nur gebräuchliches Wort, sondern eine kleine Einnahmequelle für Kinder. Es war nichts anderes als eine Annahmestelle für Flaschen, Gläser und Papier. Diese wurden – soweit mir noch bekannt ist – nur an diesen Stellen abgegeben und nicht im Geschäft, wo man eingekauft hatte. Ausgerüstet mit einem Bollerwagen, zog man samstags von Plattenbau zu Plattenbau. Hundertmal geklingelt, hundertmal treppauf, treppab, hundertmal die Frage: „Guten Tag, haben Sie Flaschen, Gläser und Altpapier?" Ich war froh, wenn jemand Marmelade lieber mochte als Bier, denn für Gläser gab es ein paar Pfennige mehr als für Flaschen. Altpapier war nicht sehr rentabel, aber wer wollte schon auf eine zusätzliche Tafel Schokolade

verzichten? Resultat eines ganzen Samstags: vier Stunden Sammeln, vier Stunden Anstehen, fünf Minuten am Kiosk für ein paar Süßigkeiten. Heute werde ich schon nervös, wenn ich am Mehrwegautomaten eine Minute zu lang warten muss. An Gummibärchen und Co gehe ich lustlos vorbei. Aber an das Wort und die Anstrengungen von damals erinnere ich mich heute noch gern. Da war Zeit noch relativ.
Sylke Brand, Wiesloch

„Wir gingen **SELBANDER**", dieser heute nicht mehr gebräuchliche Ausdruck kam mir bei einem Spaziergang an der Ostsee in den Sinn. Er vermittelt eine vertraute Zweisamkeit, auch Zuversicht, die „wir gingen miteinander" nicht haben kann. Miteinander kann man zu vielen sein, miteinander kann man streiten. Die Geborgenheit, die in selbander mitschwingt, ist nur noch im festen Begriff der „Anna selbdritt" zu spüren. Die Darstellungen der fülligen Großmutter mit ihrer Tochter Maria und dem Jesuskind im Schoß flößen mit der Würde der reifen Frau das Vertrauen ein, dass diesem Kindchen nie etwas Böses widerfahren könnte – auch wenn man weiß, dass es ganz anders kam.
Ellen Börner, Heilbronn

Was die deutsche Sprache betrifft, bin ich keine Muttersprachlerin. Ein Leben lang außerhalb eines deutschsprachigen Raums lebend, bin ich eher eine Beobachterin. Aber ich habe auch meine Wort-Schätze. Der neueste stammt aus dem deutschen Fernsehen. Nie vorher habe ich solch ein schönes und lustiges deutsches Wort gehört wie vor Kurzem beim Wintersportschauen: **Skischuhschnalle**. Das Wort klingt so, als ob es sich die Dadaisten ausgedacht hätten. Meine achtjährige Tochter war genauso begeistert, noch bevor sie merkte, dass das Wort auch Semantik hat. Es lebe die Konsonanz!

Juliana Greňová, Nitra, Slowakei

Ich hüte einen Wort-Schatz, aus dem zu mir ein Wort herüberschimmert, ein Wort, das für mich wie Poesie klingt und den Inbegriff von Heiterkeit und Frohsinn verkörpert. Es ist das Wort **Sommerfrische**.

Meine Eltern fuhren mit uns Kindern in den zwanziger und dreißiger Jahren des vorigen Jahrhunderts in die Sommerfrische. Besitzt dieses Wort nicht eine herrliche Melodie? Wie fad ist dagegen das Wort Urlaub! Ich bin aber genötigt, es zu benutzen, denn stellen Sie sich vor, ich gehe in ein Reisebüro und bitte um einen Vorschlag für meine Sommerfrische! Dem vernichtenden Blick des Urlaubsberaters möchte ich mich nicht aussetzen.

Ulrich Bratfisch, Dortmund

Heute heißen **Sonntagsmaler** nur noch „Hobbykünstler" – ein verwässerter Sammelbegriff. *Kindlers Malerei-Lexikon* aber weiß: „So sind Sonntagsmaler diejenigen Maler, die teils autodidaktisch, teils nach kurzer Ausbildung oder Anleitung, etwa in VHS-Kursen, die Malerei neben ihrem Beruf als Erholung von der Arbeit und als Liebhaberei, gleichsam als Sonntagsvergnügen betreiben. Hauptantrieb ist die angeborene Freude am Gestalten und am Spiel der Phantasie." Goethe, Strindberg und Ringelnatz waren bekannte Sonntagsmaler.

Sophie Reich, Bochum

Die gute alte **Speisekammer** – schade, dass sie ausgedient hat! Nur in wenigen Häusern ist sie noch zu finden. Als Kinder fühlten wir uns magisch angezogen von den köstlichen Düften und Leckereien. Wie gerne hätten wir uns das eine oder andere Plätzchen stibitzt oder ein Weckglas mit süßem Quittenkompott. Aber getraut haben wir uns das nicht. Im Winter, ein paar Tage vor Weihnachten, hing die Gans im offenen Fenster – einen Kühlschrank gab es so kurz nach dem Krieg nicht. Und im Sommer haben wir die leeren Weckgläser als Heimstatt für Molche und Salamander aus dem Baggersee zweckentfremdet – zum Verdruss unserer Mutter. Etwas allerdings war grässlich in der Speisekammer: Dort wurde uns der tägliche Löffel Lebertran nach dem Mittagessen verabreicht. Igitt!

Regine Rogge, Bargteheide, Schleswig-Holstein

Das Wort **Springinkerl** war in meiner Kinderzeit in Wien recht verbreitet. Nun habe ich es schon sehr, sehr lange nicht mehr gehört. Ein Springinkerl ist ein gelenkiges, schlankes Geschöpf, sei es männlich oder weiblich, das kein Sitzfleisch hat, das herumhüpft, herumtollt, immer in Bewegung ist, keine Ruhe gibt, dabei aber liebenswert ist. Auch wenn die Springinkerln erwachsen geworden sind, sind sie noch immer beweglich, ob im Geiste oder körperlich, und setzen so kein Fett an.
Tatjana Gregoritsch, Schiefling, Österreich

Ein echtes Früherwort und schwer vom Aussterben bedroht ist **Stanniolpapier**. Allen Älteren von uns wurden von Müttern, Vätern oder Großeltern liebevoll zubereitete Stullen darin eingewickelt und sie schmeckten einfach gut. Die heutige, etwas technokratisch klingende Variante „Alufolie" hat nicht das gleiche Aroma. Das Butterbrot mag gleich schmecken, aber die Welt drum herum war bei Stanniolpapier eindeutig leichter, sorgenfreier und fröhlicher.
Ansgar Book, Kleinmachnow

Ein Wort habe ich besonders lieb: **Steckenpferd**. Es ist so altmodisch wie das Spielzeug, das es im ursprünglichen Sinn bezeichnet, und wird leider kaum mehr benutzt. Dabei steht es in der übertragenen Bedeutung gerade für die Tätigkeiten, die wir am liebsten verrichten. Umso häufiger und freudiger müsste es angewendet werden. Stattdessen: Hobby. Bei näherem Hinsehen verbergen sich dahinter oft so unsägliche Liebhabereien wie Ausgehen, Freunde treffen, Fahrradfahren, Computerspielen. Ich bitte Sie! Die Verflachung der Freizeitgestaltung findet ihr sprachliches Pendant. Da sattle ich doch lieber mein Steckenpferd und reite es lustvoll.

Joachim Sommer, Vaihingen-Roßwag

Letzte Woche holte ich meine Tochter vom Posaunenunterricht ab und schaute beiläufig auf ein Plakat: „Männerflohmarkt" stand da, „für alles, was Männer mögen, also keine Dekoartikel und **Stehrümchen**." Was für ein treffender, bildlicher Ausdruck für all das, was ich bisher „Staubfänger", „Nippes" oder „Dinge, die die Welt nicht braucht" genannt habe. Da konnte ich über das antiquierte Geschlechterklischee des Aushangs hinwegsehen.

Michael Conrad, Detmold

Neulich fiel es mir mal wieder ein, das hübsche Wort **Stelldichein**. Es bezeichnet das (heimliche) Treffen (frisch) verliebter Menschen. Offenbar geht es auf das französische „Rendezvous", zurück, das allerdings früher mehr im militärischen Zusammenhang gebräuchlich war: *se rendre* = sich irgendwohin begeben; *rendez vous* = begebt euch (wohin) – so benannt aufgrund der gleichlautenden Aufforderung an Soldaten, sich zu versammeln (nach: Kluge, Etymologisches Wörterbuch der deutschen Sprache). Laut Ernst Wasserzieher hat Joachim H. Campe, Sprachforscher und Verleger, den Begriff „Stelldichein" 1791 als Ersatz für das „Rendezvous" geprägt. Schon der Klang ist herrlich – sprechen Sie es ein paarmal nach! Manchmal wird es noch gebraucht, da geben sich etwa Politiker auf einem Klimagipfel oder die futtersuchenden Singvögel im Garten ein Stelldichein. Für mich aber bleibt die amouröse Konstellation die schönste!

Christoph Schirmer, Aachen

Viel schöner als ein „Denk-Moratorium", von dem heute gerne die Rede ist, empfinde ich die alte Formulierung aus meiner norddeutschen Heimat, perfekt natürlich nur mit dem Hannoverschen spitzen „st": „Darüber muss ich noch mal **stille werden**".

Annelen Ottermann, Mainz

In Zeiten einer immer lauter werdenden Event-Kultur sagt mir **STILLVERGNÜGT**: Man kann auch ganz alleine für sich ein stilles Vergnügen finden. Man braucht dazu nicht viel: Nach einem langen Arbeitstag die Füße hochlegen, etwas Käse und ein Glas Wein. Den Gedanken nachhängen und sonst nichts tun. In Zeiten höchster Effizienz und eines lauernden Freizeitstresses ein wahrer Luxus. Klein und unscheinbar wie auch dieses schöne Wort, für das ich unserer Sprache danke!

Michael Schlageter, Frickingen

T
Altjüngferlich
herzzerreissend
Gespür
Behaglichkeit
Ingrimm
hinterfragen
Na!
Herrenkommode
Imponderabilien
Gemüse
Hollerbusch
jottwede
Himmelchen
Kaffeeklatsch
Kraftbrühe
Techtelmechtel
zimperlich
illuster
Neufel
Karacho
Kochkiste
blümerant
Zubrot
Triumphgemüse
wieseln
Hagestolz
Perpendikel
Kabuff
Trine
Musse
Knöpfchen
Kanapee
Wegzehrung
ratzeputz
Dämmerschoppen
Habgier
Demut
darben
Feierabend
traumverloren
Kofferheule
wundervoll
Schmaus
hochherzig
ewig schön
Klapperatismus
Liebkosung
Hirnscherben
Finstermantel
gelackmeiert
wohlweislich
Kittelwascher
delizios
Kleinod
fabulieren
Kalfaktor
Anmut
Kapsele
lässig
übel
Unducht
wahrhaftig
Unbill
Herzpuppern
gewogen
Arznei
Kawuppdich
Kinderfreund
Liebweh
Schatzner
schlaftrunken
zappenduster
Schäkel
Doktorvater
Kleinspitzen
Lauskacker
Zippken
Linde
Tollpatsch
Bauernglätte
dosbaddelig
drämen
Pofe
Leisschwätzer
Glimpf
Gutdünken
selbander
Minna
Groschen
verplempern
überzwerch
Übergangsmantel
Zwischendreher
Drauwedregger
Lebtotäte
Wichtelappe
amfriede
daheim
vermaledeite
Zeiserlwagen
Violoncello
zauberschön
zutraulich
Augenmerk
Zweitopf
Wohlwollen
behende
Wiesengrunde
Zustupf
Wasserbanksgardine
Zampel
bepooschen
Habseligkeiten
belämmert
Bredouille
Chaiselongue
Christkindl
Hansdampf in allen Gassen
Heidewitzka!
Hessemangel
Beutelschneider
futschikato
Freunden flugs
famos
Dummbax
ermattet
Demut
Fersengeld
Flügschen
Fahrkartenschalter
ummummeln
Erfrischungsraum
Duckdalben
Bauwerksertüchtigung
Gedöns
Ferngespräch
Feldrain
fürbass
gebenedeit

Tausendsassa habe ich in letzter Zeit kaum noch gehört. Darunter verstand man umgangssprachlich einen Schwerenöter, einen Teufelskerl. Oder auch einen leichtsinnigen Menschen ebenso wie einen Alleskönner und Mordskerl. Für mich ist es ein Mensch mit vielen Begabungen. Und dieser Mensch kann männlich oder weiblich sein. Ich finde, der Klang des Wortes „Tausendsassa" drückt schon die Kraft dieses Menschen aus.

Jürgen Bischof, Köln

Eines der liebenswertesten Wörter ist das **Techtelmechtel**. Es erinnert mich an eine Menge wirklich schöner Stunden, in denen es keinen Ernstfall gab, auch keinen Herzschmerz, der einen lähmen konnte, nur ein bisschen Sehnsucht, ein bisschen Versprechen und etwas, das fast eine Berührung war, aber nichts Endgültiges und kein Drängen nach mehr. Aber immer gab es auch eine Hoffnung, es könnte sich immerhin Wunderschönes ergeben trotz des Wissens um mögliche Unmöglichkeiten. Meist machte man sich schöne Augen und spielte Eifersucht, wenn ein anderer ins Blickfeld geriet, versandte zur Strafe Zornesblicke, die aber schnell wieder verschwinden konnten, sobald man sich wiedersah. Es war eben nur ein Techtelmechtel. Wehe dem, der es ernst nahm!

Eva Schwarz, Berlin

Einer meiner Wort-Schätze ist der **Tollpatsch**. Ein wunderbares Wort, bei dem, wie ich finde, schon aus dem Klang die Bedeutung herauszuhören ist: eine insgesamt doch noch gutmütige Bezeichnung für einen etwas ungeschickten Menschen.

Bernd Steinheimer, Hamburg

Traumverloren! Ein schwebender Zustand. Ich bin wach, aber Gedanken und Gefühle sind aus der Gegenwart geflohen. Ich hänge ihnen nach. Es kommen Bilder und Farben. Ich versinke in ihnen für eine Weile.

Auf einer Bank habe ich ein Kind gesehen, etwa sieben Jahre alt. Es guckte, aber nicht nach außen, sondern nach innen. Es nahm die Welt um sich herum nicht wahr. Traumverloren.

Renate Martin, Hamburg

Einer meiner Brüder nannte mich **Trine**. Liebevoll, wenn er die kleine Schwester niedlich fand: „Du süße Trine." Fand er mich albern, war ich „die blöde Trine", wenn ich weinte, „die alte Heul-Trine". Als ich dann das Lesen lernte, fand ich eines Tages im Kalender: „Erster Sonntag nach Trinitatis", „Zweiter Sonntag …" und so weiter. Es war ganz klar für mich, dass man die Sonntage nach mir benannt hatte. Ich weiß gar nicht mehr, wann ich herausfand, dass das nicht so war. Vielleicht lachte mein Bruder mich auch aus. Aber ein paar Jahre lang war ich sooo stolz!

Ingrid Emmenecker, Bremen

Mein Beruf bringt es mit sich, dass ich am Ende eines Konzerts oft Blumengeschenke entgegennehmen darf. Dass auch ich als Mann so ein **Triumphgemüse** erhalte, ist heutzutage fast schon die Regel. Falls traditionsbewusste Veranstalter dennoch einen feinen Unterschied machen wollen, erhalten wir Sänger im Gegensatz zu unseren Kolleginnen eben „flüssige Blumen". Wobei ich einen edlen Wachauer Smaragd-Riesling niemals als „Triumphgemüsesaft" bezeichnen würde!

Daniel Johannsen, Wien

U

Altjüngferlich herzzerreissend Gespür Behaglichkeit, dagrimm hinterfragen Nu! Herrenkommode
Imponderabilien Gewese Hollerbusch hienieden Hippeliesmess jottwede Hummelchen Kaffeeklatsch
Kraftbrühe Techtelmechtel zimperlich Herzensbildung Naefel Karacho Kochkiste blümerant
Zubrot Triumphgemüse wieseln Hagestolz Perpendikel Kabuff Trine Musse Knöpchen
Kanapee Wegzehrung ratzeputz Dämmerschoppen Habgier immens Demut lobe darben Feierabend traumverloren
Kofferheule wundervoll Schmaus hochherzig ewig schön Klapperatismus Liebkosung Hirnscherben übel Fenstermantel
gelackmeiert wohlweislich Kittelmascher delizios Kleinod fabulieren Kalfaktor Anmut Kapsele lässig Unducht
wahrhaftig Unbill Herzpuppern gewogen Arznei Kawuppdich Kinderfreund Liebreich Schatzer
schlaftrunken zappenduster Schäkel Doktorvater Kleinspitzen Lauschnäcker Zoppken Minna Groschen
Tollpatsch Bauernglätti Linde dosbaddelig dräuen Poofe Lurschwätzer Glimpf Gutdünken selbander Übergangsmantel
verplempern überzwerch Hechtsuppe umfrieden vermaledeite Violoncello zauberschön zutraulich
Zuschendreher Dranwedrigger Lohatüte daheim Zuserlwagen Wasserbaukegardine Zampel bepooschen
Augenmerk Zwietopf Wohlwollen behände Wiesengrunde Zustupf Habseligkeiten belämmert Bratelschneider
Bredouille Chaiselongue Christkindl Hansdampf in allen Gassen Hudewitzka! Heissmangel
futschikato Freundin flugs famos Dumbax ermattet Denkmut Duckdalben Fersengeld
Anmut Hagschen Fahrkartenschalter ummummeln Erfrischungsraum Feldrain fürbass gebenedeit
Bauwerksertüchtigung Gespür Gedöns Ferngespräch Fuckepaster Unbill gewogen Kawuppdich
Altjüngferlich herzzerreissend Arznei Behaglichkeit, dagrimm hinterfragen Nu! Herrenkommode
Imponderabilien Gewese Hollerbusch hienieden Hippeliesmess jottwede Hummelchen Kaffeeklatsch
Kraftbrühe Techtelmechtel zimperlich illuster Herzensbildung Naefel Karacho Kochkiste blümerant
huch! Botanisiertrommel Knöpchen
Zubrot Triumphgemüse wieseln Hagestolz Perpendikel Kabuff Trine Musse
Kanapee Wegzehrung ratzeputz Dämmerschoppen Habgier immens Demut lobe darben Feierabend traumverloren
fürbass Kofferheule wundervoll Schmaus hochherzig ewig schön Klapperatismus Liebkosung Hirnscherben übel Fenstermantel
gelackmeiert wohlweislich Kittelmascher delizios Kleinod fabulieren Kalfaktor Linde Kapsele lässig Unducht
Minna wahrhaftig daheim Herzpuppern dräuen ermattet Schäkel Schatzer
Altjüngferlich herzzerreissend Gespür Behaglichkeit, dagrimm hinterfragen Nu! Herrenkommode
Imponderabilien Gewese Hollerbusch hienieden Hippeliesmess jottwede Hummelchen Kaffeeklatsch
Kraftbrühe Techtelmechtel zimperlich illuster Herzensbildung Naefel Karacho Kochkiste blümerant
huch! Botanisiertrommel Knöpchen
Zubrot Triumphgemüse wieseln Hagestolz Perpendikel Kabuff Trine Musse
Gedöns Kanapee Wegzehrung ratzeputz Dämmerschoppen Habgier immens Demut lobe darben Feierabend traumverloren
Kofferheule wundervoll Schmaus hochherzig ewig schön Klapperatismus Liebkosung Hirnscherben übel Fenstermantel
gelackmeiert wohlweislich Kittelmascher delizios Kleinod fabulieren Kalfaktor Anmut Kapsele lässig Unducht
wahrhaftig Unbill Herzpuppern gewogen Arznei Kawuppdich Kinderfreund Liebreich Schatzer
schlaftrunken zappenduster Schäkel Doktorvater Kleinspitzen Lauschnäcker Zoppken Minna Groschen
Tollpatsch Bauernglätti Linde dosbaddelig dräuen Poofe Lurschwätzer Glimpf Gutdünken selbander

Immer wieder einmal begegnet mir ein Wort, das ich lange nicht gehört habe, und mit einem Anflug von Nostalgie wird mir bewusst, wie viel Reichtum unsere Sprache im Lauf der Zeit verliert. Zu diesen Wörtern zählt für mich **Übel**, als Substantiv wie als Adjektiv. Kürzlich, beim Abendessen, lobte unsere 13-jährige Tochter den Auflauf mit den Worten: „Der ist aber übelst lecker!" Seither übeln wir in unserem Familienslang – im positiven wie im negativen Sinn: Dieser Film ist übelst spannend, der Spaziergang übelst lang. Vielleicht lässt sich so das Übel doch noch für die deutsche Sprache retten!

Andreas Proksch, Königstein im Taunus

Der **Übergangsmantel** stirbt aus! Gemeint ist ein Kleidungsstück, das in der Übergangszeit, also im Frühjahr beziehungsweise Herbst, getragen wird. Da die Jahreszeiten sich bei uns sowieso immer mehr vermischen, wird der Übergangsmantel immer seltener gebraucht.

Wolfgang Kamp, Wöllstein, Rheinland-Pfalz

Im Duden ist vermerkt, dass das Wort **ÜBERZWERCH** in Süddeutschland beheimatet sei und unter anderem „quer" oder „verschroben" bedeute. Ich habe es in meiner Kindheit von beiden Eltern ab und zu gehört. Von der Mutter eher bei praktischen Problemen: „Das passt so nicht, wir müssen es überzwerch nehmen." Der Vater verwendete das Wort gern zur Charakterisierung von Meinungen und Zeitgenossen, die, wie das Zwerchfell im Körper, quer lagen. Ich möchte nicht, dass der Ausdruck ganz aus dem Sprachgebrauch verschwindet, zumal er sich oft auch zur Kritik an Leserbriefen und manchen Zeitungsbeiträgen so gut eignet.
Klara Klotter, Kehl

Das wunderbare Wort **UMFRIEDEN**, dass ich unlängst in einer Kolumne in der ZEIT wiederentdeckt habe, gehört nun zu meinem Wort-Schatz. Beschreibt es doch auf eine so freundliche Art und Weise, was damit gemeint sei, einen Garten oder ein Stück Land zu umzäunen. Ich finde, es schwingt unweigerlich etwas Friedvolles in diesem Wort mit, das alle Erfahrungen mit Grenzen, Trennendem und unüberwindbaren Hindernissen vergessen lässt.
Annette Roesler, Bremen

Für mich hat das Wort **Unbill** eine ganz besondere Bedeutung. Es hat zu tun mit Verlust, mit Misserfolg, Reinfall, auch Krankheit, also immer mit Schaden in all seinen Varianten. So versuche ich, in meinem Umfeld den Menschen und auch mir selbst jede Unbill zu ersparen.

Pierre Helmer, Sundhoffen, Frankreich

Ein Wort aus meiner Kindheit im Siegerland ist bei mir bis heute in Erinnerung geblieben. Wenn ich etwa an der Marmelade genascht hatte, vom Spielen arg verdreckt von draußen ins Haus kam oder geflissentlich das Rufen meiner Mutter überhörte, so schalt sie mich „Du **Unducht**", mit erhobenem Zeigefinger, aber nicht wirklich böse, sondern mit gewissem Verständnis für ihren kleinen Lausbub. Nun, im Pensionsalter, habe ich Unducht („Taugenichts oder ungezogener Junge") in einem alten westfälischen Wörterbuch wiederentdeckt.

Ralf Ortheil, Wald-Michelbach, Hessen

V

Gespür
Gewese
Kraftbrühe
Techtelmechtel
zimperlich
hinterfragen
Na!
Herrenkommode
Kaffeeklatsch
Kochkiste
blümerant
Zubrot
Triumphgemüse
Perpendikel
Kabuff
Trine
Musse
Kanapee
Wegzehrung
ratzeputz
Dämmerschoppen
Habgier
Demut
darben
Feierabend
traumverloren
hochherzig
Schmaus
ewig schön
Liebkosung
Fenstermantel
Kofferheule
wundervoll
wohlweislich
delizios
Kleinod
fabulieren
Kalfaktor
Armut
übel
lässig
wahrhaftig
Unbill
gewogen
Arznei
Kinderfreund
Kapsele
Leibweh
Schnitzer
schlaftrunken
zappenduster
Schäkel
Doktorvater
Zippken
Minna
Groschen
Tollpatsch
Bauernglätte
Glimpf
Gutdünken
selbander
Übergangsmantel
verplempern
überzwerch
vermaledeite
Violoncello
zauberschön
Zwischendreher
Lohntüte
daheim
zutraulich
Augenmerk
Wohlwollen
behende
Wiesengrunde
Habseligkeiten
belämmert
Bredouille
Chaiselongue
Christkindl
Hansdampf in allen Gassen
Hausmangel
futschikato
Freundin
famos
Dummbax
Fahrkartenschalter
Erfrischungsraum
ermattet
Denkmut
Duckdalben
Bauwerksertüchtigung
Gedöns
Ferngespräch
Feldrain
fürbass
gebenedeit

Zum treffenden Ausdruck gehören auch treffende Flüche. Heutzutage wirft man zu diesem Behufe mit Vokabular um sich, das entweder aus dem Fäkal- oder dem Sexualbereich stammt, wobei gerade Letzterer ja doch eigentlich zu den Sonnenseiten des Lebens zählen sollte. Es gab Zeiten, da wetterte man gegen die **VERMALEDEITE** Wirtschaftslage, Wettervorhersage oder dergleichen mehr, womit man das Objekt des Vermaledeiens nicht nur beschimpfte, sondern im wörtlichen Sinn verfluchte. Lateinisch *maledicere* heißt jemanden oder etwas schlechtreden. Und genau das war ja Sinn der Sache, oder?

Stefan Balzter, Lahntal, Hessen

In Zeiten der Rezession gilt es als unverzeihlich, seine Zeit zu **VERPLEMPERN**. Dabei vergisst man, dass vergeudete Zeit, in der man jemandem geduldig zuhört und ihn ermuntert oder, auf einer Wiese liegend, den Himmel betrachtet, sehr viel ertragreicher ist, als an einer verbogenen Schraube zu drehen.

Eva Schwarz, Berlin

Violoncello ist mein Lieblingswort, solange ich denken kann: diese Eleganz, diese Leichtigkeit, dieses Tremolo zu Beginn, um nach den geradezu artistisch anmutenden Zungenbewegungen der ersten drei Silben, in die man sich am besten mit geschlossenen Augen kopfüber hineinstürzt, nun das einzige „e" des Wortes elegant, ein wenig lasziv und in aller Ruhe ins Delta des „o" fließen zu lassen. Der Klang nimmt mich mit in mondäne Badeorte, ich denke an Positano, an galante Herren und geheimnisvoll lächelnde Damen, an Strohhüte und an Musikkapellen mit dem Schmelz jener Tage im Repertoire. Kann man da noch schlechter Laune sein? Ich jedenfalls bin gegen den Zauber dieses Wortes vollkommen wehrlos.

Angela Detmers, Berlin

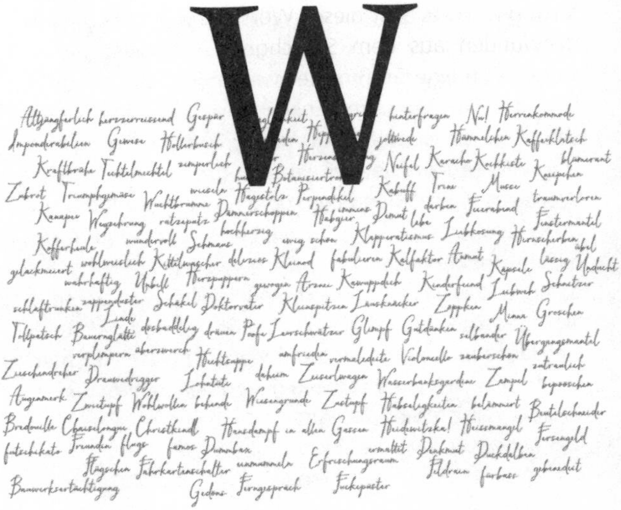
W
Altjüngferlich herzzerreissend Gespür hinterfragen Nu! Herrenkommode
Imponderabilien Gemse Holterbusch jottwede Hämmelchen Kaffeeklatsch
Kraftbrühe Techtelmechtel zimperlich Neifel Karacho Kochkiste blümerant Knöpchen
Zubrot Triumphgemüse wieseln Hagestolz Perpendikel Kabuff Trine Musse traumverloren
Kanapee Wegzehrung ratzeputz Dämmerschoppen Habgier immens Demut lobe darben Feierabend Finstermantel
Kofferheule wundervoll Schmaus hochherzig ewig schön Klapperatismus Liebkosung Hirnschreiben übel
gelackmeiert wohlweislich Kittelwascher delizios Kleinod fabulieren Kalfaktor Anmut Kapsele lässig Umducht
wahrhaftig Unbill Herzpuppern gewogen Arznei Kawuppdich Kinderfeind Liebweh Schnatzer
schlaftrunken zappenduster Schäkel Doktorvater Kleinspitzen Lauskracker Zeppken Minna Groschen
Linde Tollpatsch Bauernglätte doschaddelig dräuen Poofe Leerschwätzer Glimpf Gutdünken selbander Übergangsmantel
verplempern überzwerch amfrieden vermaledeite Violoncello zauberschön zutraulich
Zwischendreher Dranwedrigger Lohtüte daheim Zeiserlwagen Wasserbankesgardine Zempel bepooschen
Augenmerk Zweitopf Wohlwollen behende Wiesengrunde Zustopf Habseligkeiten belämmert Beutelschneider
Bredouille Chaiselongue Christkindl Hansdampf in allen Gassen Heidewitzka! Heissmangel Fersengeld
futschikato Freundin flugs famos Dummbax ermattet Denkmut Duckdalben
Flügschen Fahrkartenschalter Erfrischungsraum Feldrain fürbass gebrauchet
Bauwerksertüchtigung Gedöns Ferngespräch Fuckepaster

Wahrhaftig – ist dieses Wort nicht schon fast verschwunden aus dem Sprachgebrauch? Schade, ich denke an meine Großmutter, wie sie „Ja, wahrhaftig?" ausruft, weil ihre kleine Enkelin ihr etwas unglaublich Interessantes erzählt. Es ist ein so kraftvolles Wort! Und es hat irgendwie etwas von Bullerbü-Romantik. Ich werde es wieder benutzen, denn es ist wahrhaftig ein schönes Wort!

Sabine Hiller, Ludwigsburg

Im Hause meiner Großeltern in Duisburg gab es bis in die frühen sechziger Jahre kein fließendes Wasser. Das Wasser musste von der Pumpe im Hof in großen Kannen („Tööten") in die Küche getragen werden, wo sie unter dem Spülstein auf eine Holzpalette gestellt wurden. Der Blick auf die zum Teil „angekitschten" Emailkannen wurde durch eine **Wasserbanksgardine** verdeckt, die aus billigem dünnen Stoff bestand.

Kam ein Mädchen oder eine Frau mit einem leichten, bunt gemusterten Rock oder Kleid des Wegs, so sagten wir Jungs: „Kumma, wat die für 'ne Wasserbanksgahdihne anhat!"

Lothar Schwarz, Troisdorf

Deutsch ist nicht meine Muttersprache. Nichtsdestotrotz ist ein deutsches mein Lieblingswort. Vor 25 Jahren, als ich nach Deutschland kam und mein Deutsch noch recht holprig war, gehörte es zu meinem Alltag, in den DIN-Normen nachschlagen zu müssen. Dort fand ich das Wort **Wasserdampfdiffusionswiderstandszahl**. Ein Traumwort! In allen anderen mir bekannten Sprachen muss dieser Begriff mithilfe gleich mehrerer Wörter umschrieben werden.

Andrzej Klimczyk, Gerlingen

Ein Wort, das mich seit Kindertagen begeistert hat, vor allem weil es mit einer besonderen Aufmerksamkeit meiner Großmutter verbunden war, ist die „Wegzeerum". So jedenfalls hatte ich es als Kind verstanden und fand es von mystischer Tiefe, geradezu rätselhaft. Das lag wohl an der Endung auf -um, die sich nicht recht einordnen ließ. Später wurde mir klar, dass eigentlich die **Wegzehrung** gemeint war, was meine Zuneigung für dieses Wort jedoch in keiner Weise schmälerte. Da es vom Aussterben bedroht scheint, propagiere ich es nach Kräften. Wie viel besser ein Butterbrot auf einer Wanderung als Wegzehrung schmeckt denn als schnöder Proviant, sollte jeder einmal ausprobieren!

Claus Wurst, Heilbronn

Als Italienerin, die es – zumindest ursprünglich – des Studiums wegen nach Deutschland gezogen hat, kann ich mich unglaublich an neuen Wörtern erfreuen. Und dann entdeckte der Mann, mit dem ich vor jetzt fast fünf Jahren eine wunderbare Beziehung begann und der inzwischen mein Mann geworden ist, meine Vorliebe für Gedichte.

Das Gedicht *Das ästhetische Wiesel* von Christian Morgenstern (in dem ein Wiesel „um des Reimes Willen" auf einem Kiesel sitzt) führte dazu, dass wir seither durch die Stadt, die Wohnung und durchs Leben **WIESELN** – mal mehr und mal weniger ästhetisch, aber auf jeden Fall immer erfreut.

Cristina Simonetti-Techert, Berlin

In meiner Kindheit hörte ich zuweilen meine Mutter bei der Arbeit singen: „Im schönsten **Wiesengrunde** ist meiner Heimat Haus …" Das Wort Wiesengrund gefiel mir und blieb mir im Gedächtnis. Jahrzehnte später hörte ich das Wort wieder: In der Unfallklinik Murnau kümmere ich mich ehrenamtlich um Patienten wie den querschnittsgelähmten Herrn G. Aufgrund einer Komplikation war er monatelang ans Bett gefesselt. In dieser Zeit hat er mir viel aus seinem Leben erzählt – von seiner Familie, von sonntäglichen Wanderungen in seiner schwäbischen Heimat, von einem Wiesengrund, auf den er von einem Hügel hinabblicken konnte. Aufgrund seiner Behinderung sind die meisten dieser Orte für ihn heute unerreichbar. Herr G. las viel; niemals hörte ich ihn klagen. Er erträgt seine Krankheit mit Würde und Geduld.

Wiesengrund – ich stelle mir vor: ein grünes, schattiges Tal, ein gewundener Bachlauf, die Ufer gesäumt von Erlen und Weiden. Das laut Duden „veraltende" Wort wird wohl bald ganz vergessen sein. Doch seit ich es von dem schwerbehinderten Herrn G. wieder hörte, erinnert es mich an Kindheit und eine noch junge singende Mutter, an Heimat und Sommer, an die Schönheit auch des Alltäglichen, an das Glück eines ganz normalen Lebens.

Karin von der Saal, Murnau, Oberbayern

Heute in alten Tagebüchern meiner Mutter gelesen. Sie nahm zu einem Besuch **WOHLWEISLICH** einen Napf Heringssalat mit, in der Annahme, dass die junge Hausfrau zum Mittagessen kaum etwas Gescheites bereithalten würde.

Ein unerwartetes Wort; ich stockte beim Lesen. Nicht besserwisserisch überlegen, es fährt keinem über den Mund. Eher bedeutet es: vorausschauen, Realität einkalkulieren und Notwendiges stillschweigend tun. Ich finde, es ist ein freundliches Wort und sollte nicht aussterben.

Rosemarie Bottländer, Odenthal, Nordrhein-Westfalen

WOHLWOLLEN ist mein Wort-Schatz. Ich habe das Wort neulich von einer Freundin geschenkt bekommen. Wir unterhielten uns darüber, dass Wohlwollen mehr sein könne als Freundschaft und Liebe. Es ist ohne Erwartungshaltung und besonders wertvoll, weil es bestehen bleiben kann, wenn eine Freundschaft oder Liebe endet. Außerdem ist es frei, da es von jeglicher Sympathie, Zu- oder Abneigung unabhängig ist. Wohlwollen erhebt sich über missgünstige Neigungen, ohne dabei überheblich zu klingen. Wohlwollen spiegelt eine Haltung wider, die von großem Charakter zeugt. Deshalb lohnt es sich sehr, mit diesem Wort zu leben.

Dorothee Wengenroth, Hilden

Ich entstamme einer Generation, in der Frauen noch wie Frauen aussehen durften und nicht wie Kleiderständer. Besonders stattliche Exemplare, mit ordentlich Busen, Hüfte und Po, nannte man **Wuchtbrumme**. Das war keineswegs eine Beleidigung, sondern eher eine Feststellung ihrer Ehrfurcht gebietenden Erscheinung. Männer mochten sie, und ganz besonders in dekolletierten Dirndlblusen wusste frau zu wirken. Schade, dass heute nur noch Barbara Schöneberger so aussehen darf.

Christel Schumacher, Münster

Mein Wort-Schatz ist das Wort **wundervoll**: ein Wort, das glücklicherweise zu dem Teil unserer Sprache gehört, der noch nicht in Vergessenheit geraten ist. Ein Wort, so schlicht und in sich so selbsterklärend, dass es keiner weiteren zusätzlichen Worte in seiner Nähe bedarf. Es sagt uns, dass ein Mensch, ein Erlebnis oder eine Sache voll(er) Wunder steckt. Man könnte einwenden, dass bei aufmerksamer Betrachtung wohl alles und jeder Wunder in sich birgt. In einer Zeit, in der Wunder und Sensationen meist recht inflationär gehandelt werden, möchte ich dennoch anregen, diesen Wort-Schatz immer mit Bedacht zu wählen.

Oliver Geffken, Berlin

Z

Altjüngferlich herzzerreissend Gespür Ingrimm hinterfragen Nu! Herrenkommode
Imponderabilien Gewese Holderbusch Hippkismess Himmelchen Kaffeeklatsch
Kraftbrühe Tüttelmechtel zimperlich Nebel Kaschemme Kochkiste blümerant
Zubrot Triumphgemüse Wachtbrunnen wieseln Hagestolz Perpendikel Kabuff Trine Muse Kneipchen
Kanapee Wegzehrung ratzeputz Dämmerschoppen Habgier immens Dämat darben Feierabend traumverloren
Kofferheule wundervoll Schmaus hochherzig ewig schön Klapperatismus Liebkosung Hirnscherben Finstermantel
gelackmeiert wohlweislich Kittelmacher delizios Kleinod fabulieren Kalfaktor Anmut Kapsele übel lässig Unducht
wahrhaftig Unbill Herzpuppern gewogen Arznei Kawappdich Kinderfreund Liebweh Schnützer
schlaftrunken Schäkel Doktorvater Kleinspitzen Linde Laubknacker Zopfken Minne Groschen
Tollpatsch Bauernglätte dreinen Poofe Leisetreter Glimpf Gutdünken selbander Übergangsmantel
verplempern überzwerch Nachtsuppe umfrieden vermaledeite Violoncello zauberschön
Zuckerhandreher Dreiwedrigger Lohntüte daheim Zuckerwagen Wasserbanksgardine Zampel zutraulich
Augenmerk Zwietopf Wohlwollen behende Wiesengrunde Zustupf Habseligkeiten belämmert bepooschen
Bredouille Chaiselongue Christkindl Hansdampf in allen Gassen Herrgottsakra! Heissmangel Beutelschneider
futschikato Freundin flugs famos Dummbax ermattet Denkmal Duckdalben Fersengeld
Flügchen Fahrkartenschalter ummummeln Erfrischungsraum Feldrain fürbass gebrandet
Bauwerksertüchtigung Gedöns Ferngespräch Fackepaster

Ich bin in Berlin geboren, aber in Norddeutschland aufgewachsen und entwickelte eine ausgeprägte Affinität zu Hamburg, dem Hafen und den dazugehörigen Ausrüstungsgeschäften. Wir trugen schwere Dufflecoats, rauwollene Rollkragenpullover und vor allem einen ZAMPEL. Das war der Beutel, in dem die Schauerleute im Hafen bei der Arbeit alles Notwendige bei sich trugen – und nach Feierabend ein bisschen Kaffee, Tabak und Rum mit nach Hause brachten. Bis heute benutzen meine Frau und ich diesen Begriff für Nylontragetaschen, die wir zusammengefaltet für unvorhergesehene Einkäufe mit uns führen.

Kristian Neumann, Berlin

ZAPPENDUSTER klingt so melodisch, wie eine Mischung aus alter Sprache und Jugendsprache. „Stockfinster" kommt nicht dagegen an.

Jonas Giering, Boitzenburg

Wann ist etwas **ZAUBERSCHÖN**? Sind es Lichtstrahlen, die durch ein kleines Kirchenfenster kriechen und sich dann doch ganz ungewollt den Weg ins Herz suchen? Kinderlachen, der tobende Nordwind auf einer Insel? Gerne geht man auf Entdeckungsreise zu diesen Dingen, zum Sehen, zum Lauschen, zum Staunen. Und egal, ob es dieses Wort nun tatsächlich gibt oder nicht – es ist ein Geschenk, sagen zu können: Es ist zauberschön!

Stephanie Kraft, Freising

Kürzlich sah ich bei uns einen Linienbus mit grün-weißer Werbung, die die ganze Fensterfläche überzog. Hineinsehen geht nicht, Hinausschauen wohl schon. Da fiel mir ein, dass es in meiner Jugendzeit grüne **ZEISERLWAGEN** gab, bei denen es ebenso war: Wer da drin saß und von einer Strafanstalt in die andere gefahren wurde, den sollte niemand sehen, aber durch kleine vergitterte Fenster herauszuschauen war wohl schon möglich.

Klaus Deffner, Nürnberg

Meine Mutter, 1904 in Riga geboren und 1939 ausgesiedelt, brachte viele Wörter aus dem baltischen Sprachraum mit. Etwa „verhunzen" für „verderben, verpfuschen". Am kuriosesten war wohl der **Zieschendreher**. „Zieschen" bezeichnet eine dünne Bratwurst und ein „Zieschendreher" war für meine Mutter ein Mann, dem es in ihren Augen an Männlichkeit, an Statur fehlte. „Zieschendreher", das war aus ihrem Munde ein vernichtendes Urteil! Wenn meine Mutter allerdings einmal richtig böse wurde, dann bediente sie sich des Lettischen oder Russischen, damit das Kind nicht etwa verhunzt würde.

Elmar Drossmann, Cuxhaven

Nun ist es fast aus dem Sprachgebrauch verschwunden, das kleine Wort **zimperlich**. Wer es anwendete, bezog es immer auf andere, von sich selbst sagte man es nicht. „Sich nicht trauen" war gemeint, auch „inaktiv", im schlimmsten Fall sogar „Welch ein Feigling!". Zuweilen bezeichnete es Wehleidigkeit oder Prüderie. Aber wer wollte schon selber zimperlich sein? Heute sind wir nicht mehr so, heute ist der aktive Tatmensch gefragt. Schade! Manchmal möchte ich doch zimperlich sein. Es klingt so schön nach Kindheit.

Inge Recker, Bremen

Zöppken *vgl.* Messerchen

Auf meine 92-jährige Brieffreundin Anneliese und ihre frühzeitigen Weihnachtsgrüße war stets Verlass gewesen. Doch vergangene Weihnachten wartete ich vergebens. Ich machte mir Gedanken. Nach Weihnachten dann Post in bekannt sorgsamer Handschrift: „Entschuldige die Verspätung. Ich war krank und lag **zu Bett**. Bald werde ich wieder lange Briefe schreiben." Dass sie „zu Bett" lag und nicht „im Bett", vermittelte mir die Würde, mit der Anneliese ihre Krankheit durchgestanden hat. Ich freue mich auf die Briefe im kommenden Jahr, mit denen sie mich an ihrem Seniorenheim-Alltag teilhaben lässt.

Siegfried Schröder, Herscheid, Westfalen

Zubrot ist ein Wort, das auf keinen Fall untergehen sollte. Weil es bedeutet, dass man neben dem eigentlichen Einkommen noch ein Zusatzeinkommen braucht, wird dieses Wort sogar immer wichtiger in einer Zeit, in der mehr und mehr Menschen von ihrer Arbeit Lohn nicht ausreichend leben können.

Reinhard Hausmann, Marl

In Österreich versteht man sich auch in verbaler Hinsicht stets auf einen wuchtigen Auftritt: Selbst der kleinste Beitrag der öffentlichen Hand wird zur „Subvention“. Viel sympathischer finde ich da den Schweizer Ausdruck **Zustupf**. Das klingt, als würde man ganz beiläufig jemanden anstupsen und ihm ohne ein großes Gewese ein kleines Geldgeschenk zustecken. „Oh!“, sagt der Beschenkte. Mehr Zustüpfe für die Unbezustupften!

Ricci Bock, Innsbruck

Mein wunderbares Wort heißt **zutraulich**. In seiner Sanftmut und Unschuld wird es wohl hauptsächlich für Kinder oder Tiere verwendet. Welche Ehre, wenn einem Vertrauen geschenkt wird – in der Hoffnung, nicht enttäuscht, sondern geliebt zu werden. Dieses Wort berührt mein Inneres.

Gisela Barg-Bryant, Liederbach am Taunus

Mein Wortschatz wurde vor vielen Jahren um einen Begriff bereichert, der mich auf der Stelle bezauberte: In einer Talkshow erzählte der Schriftsteller Feridun Zaimoglu, seine Grundschullehrerin habe für den Doppelpunkt das anschauliche Wort **Zwietupf** verwendet.

Maria Zachow, Markerup, Schleswig-Hostein

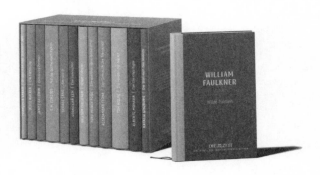